池田大作先生監修

現代語訳

観心本尊抄

第2版

創価学会教学部編

目　次

観心本尊抄《かんじんのほんぞんしょう》

第6段　受持即観心《じゅじそくかんじん》を明かす……56

（新一二二九ページ四行目～一二三五ページ十七行目）
（全二四二ページ十四行目～二四七ページ八行目）

大段第二（2）　本尊《ほんぞん》を明かす

（新一三六ページ一行目～一四六ページ十五行目）
（全二四七ページ九行目～二五四ページ十七行目）

装幀　株式会社プランク
松田　和也

一、本書は、二〇一八年一月に発刊された創価学会教学部編、池田大作先生監修『現代語訳　観心本尊抄』を、『日蓮大聖人御書全集　新版』（二〇二一年刊）に基づき第2版とした。参考として「観心本尊抄送状」の現代語訳を収めた。

一、御書新版、御書全集に対応するページ数を、現代語訳本文の上段にそれぞれ(新)(全)で示した。御書の引用は、御書新版を用いて、ページ数を（新〇〇ページ・全〇〇ページ）で示した。「新」は御書新版、「全」は御書全集を表す。

一、法華経の引用は、『妙法蓮華経並開結』（創価学会版、第二版）を（法華経〇〇ページ）で示した。

一、理解を助けるため、御書本文の語句を適宜〔　〕に入れて示した。また段・章を設け、見出しを適宜付した。

一、経論等の引用箇所は、読みやすさを考え、書体を変えてある。

一、説明が必要と思われる語句には、〈注〇〉を付け、各章の終わりに「注解」を設けた。

一、本抄全体に関する解説を巻末に付した。

如来滅後五五百歳始観心本尊抄《にょらいのめつごごごのごひゃくさいにはじむかんじんのほんぞんしょう》

本朝沙門日蓮《ほんちょうしゃもんにちれん》撰《せん》す。

*「本朝」は日本、「沙門」は仏道修行者の意

大段第一

一念三千《いちねんさんぜん》の典拠《てんきょ》を示す

（新一二二ページ一行目〜一二五ページ四行目）
（全二三八ページ一行目〜二三九ページ十八行目）

(新122)
(全238)

第1段　一念《いちねん》三千《さんぜん》の典拠《てんきょ》を示す

(新一二二ページ一行目〜一二四ページ六行目)
(全二三八ページ一行目〜二三九ページ七行目)

第1章　『摩訶止観《まかしかん》』の第五巻の文《もん》

(新一二二ページ一行目〜五行目)
(全二三八ページ一行目〜四行目)

『摩訶止観《まかしかん》』〈注1〉の第五巻に次のようにある。［一念三千《いちねんさんぜん》の「三千」について、「三千世間《せけん》」という場合と「三千如是《にょぜ》」という場合があるが、同じである。展開のしかたが異《こと》なるだけである」〈注2〉

「心には十界《じっかい》が具《そな》わっている。その一界《いっかい》に、さらに十界が具わっているので、百界《ひゃっかい》となる。一界に三十種の世間《せけん》が具わっているので、百界には、三千種の世間が具わっている。この三千種の世間は、一念《いちねん》〈注3〉の心にある。もし心がなければそれで終わりである。たとえわずかでも心があるなら、そこに三千種の世間が具わるのである。〈中略〉故《ゆえ》に、不可思議境《ふかしぎきょう》（思考や議論を超《こ》えた認識《にんしき》の対《たい》象《しょう》）と呼《よ》ぶのである。意《い》は、このことにある」［ある写本《しゃほん》には、「一界に三種の世間が具わっている」とある］

◇注　解◇

〈注1〉**【『摩訶止観《まかしかん》』】**『止観』と略される。十巻。天台大師智顗《てんだいだいしちぎ》（第2章〈注11〉を参照）が講述《こうじゅつ》し、弟子の章安大師灌頂《しょうあんだいしかんじょう》（第2章〈注10〉を参照）が記した。『法華玄義《ほっけげんぎ》』『法華文句《ほっけもんぐ》』とともに天台三大部とされる。

本書で天台大師《てんだいだいし》は、仏教の実践修行を「止観《しかん》」として詳細に体系化《たいけいか》した。それが前代未《ぜんだいみ》聞《もん》のすぐれたものであるので、サンスクリットで偉大《いだい》なという意の「摩訶《まか》」がつけられている。「止《し》」とは心を外界《がいかい》や迷《まよ》いに動かされずに静止させることで、それによって正しい智《ち》慧《え》を起こして対象を観察することを「観《かん》」という。天台大師は特に、止観の対象を凡夫《ぼんぷ》自身の心に定め（この観法《かんぼう》を観心《かんじん》という）、普通の人々が成仏《じょうぶつ》を実現するための実践とし、観心によって覚知《かくち》すべき究極《きゅうきょく》の法門を一念三千《いちねんさんぜん》とした。

〈注2〉**【「一念三千《いちねんさんぜん》の「三千」について……異《こと》なるだけである」】**『摩訶止観《まかしかん》』巻五のなかの一念三千の法門を明かす箇所《かしょ》は、分析的《ぶんせきてき》に説明する開釈《かいしゃく》と、それを再度まとめて結論を示す結成《けつじょう》の部分に分けられる。両者で一念三千の展開の仕方が違《ちが》っている。ここに掲《かか》げられた文《もん》は結成の部分である。

開釈《かいしゃく》では、はじめに観《かん》ずる対境《たいきょう》（対象）として、まず十界《じっかい》（地獄《じごく》・餓鬼《がき》・畜生《ちくしょう》・修羅《しゅら》・人《にん》・

天《てん》・声聞《しょうもん》・縁覚《えんがく》・菩薩《ぼさつ》・仏の十種の境涯《きょうがい》）を挙《あ》げ、次にその一界《いっかい》に三世間《さんせけん》（十界の相違《そうい》が表れる三つの次元、五陰《ごおん》〈衆生《しゅじょう》を構成する五つの要素〉・衆生〈個々の生命体〉・国土〈衆生が生まれ生きる環境〉）があることを示し、最後に十如是《じゅうにょぜ》（ものごとのありさま・本質を示す十種の観点。相《そう》・性《しょう》・体《たい》・力《りき》・作《さ》・因《いん》・縁《えん》・果《か》・報《ほう》・本末究竟等《ほんまつくきょうとう》）について説明しているので、この順序《じゅんじょ》からいうと、三千は三千如是として示されているといえる。

これに対して結成《けつじょう》では、十界互具《じっかいごぐ》して百界《ひゃっかい》になることを最初に示し、その一界《いっかい》に三十種の世間《せけん》（十如是《じゅうにょぜ》に三世間がある）がそなわると示しているので、三千が三千世間として示されているといえる。

このように論述《ろんじゅつ》の順に応《おう》じて三千に世間《せけん》と如是《にょぜ》の異《こと》なりがある。とはいえこれは開《かい》と合《ごう》の展開の仕方の違《ちが》いによっているのであり、三千という数量と内実には変わりはない。

〈注3〉**【一念《いちねん》】** われわれの一瞬《いっしゅん》に働《はたら》く心のこと。

第2章　『摩訶止観《まかしかん》』の前の四巻などには一念三千《いちねんさんぜん》は明かされていない

（新一二二㌻六行目〜一二三㌻十七行目）
（全二三八㌻五行目〜二三九㌻二行目）

問う。『法華玄義《ほっけげんぎ》』〈注1〉に一念三千《いちねんさんぜん》という名称《めいしょう》を明かしているか。

答える。妙楽大師《みょうらくだいし》（湛然《たんねん》）〈注2〉は「明かしていない」と言っている。

問う。『法華文句《ほっけもんぐ》』〈注3〉には一念三千という名称を明かしているか。

答える。妙楽大師は「明かしていない」と言っている。

問う。その妙楽の言葉はどのようなものか。

答える。「いずれもまだ一念三千とは言っていない」（『止観輔行伝弘決《しかんぶぎょうでんぐけつ》』〈注4〉）とある。

問う。『摩訶止観《まかしかん》』の第一・二・三・四巻などに一念三千という名称を明かしているか。

答える。一念三千という名称はない。

（新123）

問う。その証拠《しょうこ》はどのようなものか。

答える。妙楽大師《みょうらくだいし》は次のように言っている。

「故《ゆえ》に、『摩訶止観《まかしかん》』第五巻の『まさしく止観の観法《かんぽう》〈注5〉を明かす』章（「正《しょう》修止観《しゅしかん》」章）に至《いた》って、一念三千《いちねんさんぜん》をすべての観法の対象《たいしょう》として明示した」

疑《うたが》って尋《たず》ねる。

『法華玄義《ほっけげんぎ》』第二巻には、「さらにまた一界《いっかい》に他の九界《きゅうかい》も具《そな》わっているので百《ひゃっ》界《かい》であり、千如是《せんにょぜ》である」とある。

『法華文句《ほっけもんぐ》』第一巻には、「一入《いちにゅう》〈注6〉に十界《じっかい》が具《そな》わっている。一界《いっかい》には当然《とうぜん》十界が具わっている。十界それぞれに十如是《じゅうにょぜ》があるので、すなわち、千如是となる」とある。

『観音玄義《かんのんげんぎ》』〈注7〉には、「十界《じっかい》それぞれに十界が具《そな》わっているので、百界《ひゃっかい》となる。性《しょう》・相《そう》など千種の如是《にょぜ》は心に潜在《せんざい》している。目の前に現《あらわ》れていないけれども、そのまま欠《か》けることなく具わっている」とある〈注8〉。

問う。『摩訶止観《まかしかん》』の初めの四巻に一念三千《いちねんさんぜん》という名称《めいしょう》を明かしているか。

答える。妙楽大師《みょうらくだいし》は、「明かしていない」と言っている。

問う。その言葉はどのようなものか。

答える。『止観輔行伝弘決《しかんぶぎょうでんぐけつ》』の第五巻に次のように言っている。

「もし、『摩訶止観《まかしかん》』第五巻の『まさしく止観の観法《かんぼう》を明かす』章に対比《たいひ》すれば、それ以前の章は、まだまったく止観の修行を論じていない。『観法を明かす』章の直前では二十五法《にじゅうごほう》〈注9〉という実践を経《へ》て具体的な事柄《ことがら》に焦点《しょうてん》を合わせて、止観の修行に対する理解を得る。それでこそ初めて止観の修行の準備《じゅんび》となり得るのである。それ故《ゆえ》、前の六章、すなわち『摩訶止観』の第四巻までは皆《みな》、止観の修行ではなく、その前段階である理解に属《ぞく》しているのである」と。

また、妙楽大師《みょうらくだいし》は次のように言っている。

「故《ゆえ》に、『摩訶止観《まかしかん》』第五巻の『まさしく止観の観法《かんぼう》を明かす』章に至《いた》って、一念三千《いちねんさんぜん》をすべての観法の対象《たいしょう》として明示した。これこそが最高・究極《きゅうきょく》の教えである。

故《ゆえ》に、章安大師《しょうあんだいし》（灌頂《かんじょう》）〈注10〉は『摩訶止観《まかしかん》』の序文《じょぶん》で『天台大師《てんだいだいし》（智顗《ちぎ》）〈注11〉が自分自身の心の中で行《ぎょう》じた法門を説《と》いた』と言っている。この言葉には実に深い理由がある。『摩訶止観』を求《もと》めて読もうとする者は、くれぐれも一《いち》念三千《ねんさんぜん》以外を止観の対象《たいしょう》としてはならない」と。

◇注　解◇

〈注1〉【『法華玄義《ほっけげんぎ》』】天台大師智顗《てんだいだいしちぎ》が法華経の題名である「妙法蓮華経《みょうほうれんげきょう》」について講義したものを、章安大師灌頂《しょうあんだいしかんじょう》が編集整理したもの。十巻。「妙法蓮華経」に秘められている深玄《しんげん》な意義を、名《みょう》・体《たい》・宗《しゅう》・用《ゆう》・教《きょう》の五つの観点（五重玄義《ごじゅうげんぎ》）から解明している。

〈注2〉【妙楽大師《みょうらくだいし》（湛然《たんねん》）】七一一年〜七八二年。中国・唐《とう》の僧で、中国天台宗《てんだいしゅう》の中興《ちゅうこう》の祖。天台大師《てんだいだいし》の著作に対する注釈書《ちゅうしゃくしょ》『法華玄義釈籤《ほっけげんぎしゃくせん》』『法華文句記《ほっけもんぐき》』『止観輔行伝弘決《しかんぶぎょうでんぐけつ》』などを著した。常州《じょうしゅう》（後の江蘇省《こうそしょう》の都市）の妙楽寺《みょうらくじ》に居住《きょじゅう》したとされるので、後世、妙楽大師と呼ばれた。

〈注3〉【『法華文句《ほっけもんぐ》』】天台大師《てんだいだいし》の講義を章安大師《しょうあんだいし》が編集整理した法華経の注釈書《ちゅうしゃくしょ》。十巻。法華経の文々句々《もんもんくく》の意義を、因縁《いんねん》・約教《やっきょう》・本迹《ほんじゃく》・観心《かんじん》の四つの解釈法《かいしゃくほう》によって明らかにしている。

〈注4〉【『止観輔行伝弘決《しかんぶぎょうでんぐけつ》』】妙楽大師湛然《みょうらくだいしたんねん》による『摩訶止観《まかしかん》』の注釈書《ちゅうしゃくしょ》。十巻（または四十巻）。天台大師《てんだいだいし》による止観の法門の正統性《せいとうせい》を明らかにするとともに、天台宗内《てんだいしゅうない》の異端《いたん》や華厳《けごん》宗《しゅう》・法相宗《ほっそうしゅう》の主張を批判《ひはん》している。

〈注5〉【観法《かんぽう》】「法」すなわち事物・事象に対して心を静めて集中し、智慧《ちえ》を発現させてその対象を観察すること。

〈注6〉**【二入】** 生命の構成要素、十二入《じゅうににゅう》の一つ。十二入とは、「六根《ろっこん》」（眼根《げんこん》・耳根《にこん》・鼻根《びこん》・舌根《ぜっこん》・身根《しんこん》・意根《いこん》）と「六境《ろっきょう》」（色境《しききょう》・声境《しょうきょう》・香境《こうきょう》・味境《みきょう》・触境《そっきょう》・法境《ほうきょう》）を合わせたもの。このうち六根は対象を感知する感覚機能《かんかくきのう》またその器官《きかん》で、この六根が六境（対象）に触《ふ》れることによって「六識《ろくしき》」（眼識《げんしき》・耳識《にしき》・鼻識《びしき》・舌識《ぜっしき》・身識《しんしき》・意識《いしき》）を生じ、ものごとを認知《にんち》すると説かれる。『摩訶止観《まかしかん》』では、「陰界入境《おんかいにゅうきょう》」として、十二入を、五陰《ごおん》（色《しき》・受《じゅ》・想《そう》・行《ぎょう》・識《しき》）や十八界《じゅうはっかい》（六根・六境・六識を合わせたもの。界は構成要素の意味）と並《なら》べて挙《あ》げ、人々が自身に即《そく》して身近に心身《しきしん》（色心）一体不可分の生命を観察できる対象としている。五陰・十二入・十八界のどの一つを対象としても、十界《じっかい》がそなわっていることを観《かん》じ取ることができ、凡夫《ぼんぷ》の生命の一界《いっかい》ごとに十界がそなわっていること（十界互具《ごぐ》）を覚知《かくち》できることを示している。

〈注7〉**【『観音玄義《かんのんげんぎ》』】** 天台大師《てんだいだいし》の講義を章安大師《しょうあんだいし》が編集整理した注釈書《ちゅうしゃくしょ》。法華経観世音菩《かんぜおんぼ》薩普門品《さつふもんぼん》第二十五の大綱《たいこう》を五重玄義《ごじゅうげんぎ》によって解釈《かいしゃく》している。二巻。

〈注8〉**【疑《うたが》って尋《たず》ねる。……具《そな》わっている」とある】** この問いには答えがない。質問者が挙《あ》げている諸書《しょしょ》の文《もん》は、結局、百界千如《ひゃっかいせんにょ》どまりである。結果として、一念三千《いちねんさんぜん》は、『摩訶止《まかし》観《かん》』以外にはないことが、自明となっている。

〈注9〉**【二十五法《にじゅうごほう》】** 二十五方便《ほうべん》ともいう。『摩訶止観《まかしかん》』巻四の第六章「方便」章で説かれる止観の方便となる二十五種の修行。続く第七章「正修止観《しょうしゅ》」章では観心《かんじん》という正行《しょうぎょう》が明かされるが、それに入る前の準備として、以下の二十五法が示される。

①五縁《ごえん》、すなわち持戒清浄《じかいしょうじょう》・衣食具足《えじきぐそく》・閑居静処《げんごじょうしょ》・息諸縁務《そくしょえんむ》（もろもろの雑事《ざつじ》を控《ひか》える）・得善知識《とくぜんちしき》の五つをそなえる。②五欲《ごよく》（色《しき》・声《しょう》・香《こう》・味《み》・触《しょく》の五種に対する欲望《よくぼう》）を強く制御《せいぎょ》する。③五蓋《ごがい》（心を覆《おお》う煩悩《ぼんのう》）、すなわち貪欲《とんよく》・瞋恚《しんに》・睡眠《すいみん》・掉悔《じょうげ》（心がせわしなく動き、悔《く》い憂《うれ》う）・疑《ぎ》の五つを捨てる。④五事《ごじ》（食《じき》・眠《みん》・身《しん》・息《そく》・心《しん》）を調《ととの》える。⑤五法《ごほう》、すなわち欲《よく》（初禅《しょぜん》に至《いた》ろうと欲《ほっ》する）・精進《しょうじん》・念《ねん》・巧慧《ぎょうえ》・一心《いっしん》（心を定める）の五つを行じる。

〈注10〉【章安大師《しょうあんだいし》（灌頂《かんじょう》）】五六一年～六三二年。中国・隋《ずい》の僧で、天台大師《てんだいだいし》の弟子。天台大師の講義をもとに『法華玄義《ほっけげんぎ》』『法華文句《ほっけもんぐ》』『摩訶止観《まかしかん》』などを筆記・編纂《へんさん》した。

〈注11〉【天台大師《てんだいだいし》（智顗《ちぎ》）】五三八年～五九七年。中国の陳《ちん》・隋《ずい》にかけて活躍《かつやく》した僧で、中国天台宗《てんだいしゅう》の事実上の開祖。智者《ちしゃ》大師とたたえられる。『法華玄義《ほっけげんぎ》』『法華文句《ほっけもんぐ》』『摩訶止観《まかしかん》』を講述《こうじゅつ》して法華経を宣揚《せんよう》するとともに、一念三千《いちねんさんぜん》の法門を説いた。

第3章　一念三千《いちねんさんぜん》は前代未聞《ぜんだいみもん》の優《すぐ》れた教え

（新一二四ページ一行目～六行目）
（全二三九ページ三行目～七行目）

天台大師《てんだいだいし》が法を弘《ひろ》めたのは三十年間である。そのうち、二十九年間〈注1〉は『法華玄義《ほっけげんぎ》』『法華文句《ほっけもんぐ》』などのさまざまな教えを説《と》いて五時八教《ごじはっきょう》〈注2〉や百界《ひゃっかい》千如《せんにょ》を明かし、中国に仏教が伝来してから五百年余《あま》りの間のさまざまな学説の誤《あやま》りを批判《ひはん》し、インドの大学者も述《の》べたことのない教えを表した。

章安大師《しょうあんだいし》は述《の》べている。

「インドの優《すぐ》れた論書《ろんしょ》ですら、天台大師《てんだいだいし》の教えの比《ひ》ではない。中国の学者などについて、どうして手間をかけて語る必要があるだろうか。これは誇張《こちょう》して言うのではない。天台大師の教えの内容それ自体が、そうなのである」（『法華玄《ほっけげん》義《ぎ》』）と。

なんと残念なことか。天台宗《てんだいしゅう》の後代《こうだい》の学者たちは華厳宗《けごんしゅう》・真言宗《しんごんしゅう》の元祖《がんそ》である盗人《ぬすびと》に一念三千《いちねんさんぜん》という大事な宝《たから》を盗《ぬす》み取《と》られ、かえって彼らの門下《もんか》になってしまった〈注3〉。

章安大師《しょうあんだいし》はこのようになることをすでに見抜《みぬ》いていて、嘆《なげ》いて言った。

「この言葉がもし失《うしな》われたら、将来《しょうらい》悲しむことになるにちがいない」(『法華玄《ほっけげん》義《ぎ》』序《じょ》〈注4〉)と。

◇注　解◇

〈注1〉【二十九年間】正確には二十七年間。天台大師智顗《てんだいだいしちぎ》は十八歳で出家《しゅっけ》し、二十三歳で南岳大師慧思《なんがくだいしえし》の弟子となり、三十歳で金陵《きんりょう》（現在の南京《なんきん》）に出てから法華経を講義し、五十七歳の時に『摩訶止観《まかしかん》』を講述《こうじゅつ》し、六十歳で亡《な》くなった。金陵での講義から亡くなるまで、法華経を弘《ひろ》めた期間が三十年である。そのうち、大半は『法華玄義《ほっけげんぎ》』『法華文句《ほっけもんぐ》』などを説いて五時八教《ごじはっきょう》や百界千如《ひゃっかいせんにょ》を明かし、最後に『摩訶止観』で一念三千《いちねんさんぜん》を説いた。

〈注2〉【五時八教《ごじはっきょう》】天台宗《てんだいしゅう》の教判。法華経を中心に、諸経典の教えを釈尊《しゃくそん》一代で説かれたものとして総合的に矛盾《むじゅん》なく理解しようとした。

五時とは、釈尊《しゃくそん》の成道《じょうどう》から入滅《にゅうめつ》までの教えを内容によって五つの時期に分けたもので、華厳時《けごんじ》・阿含時《あごんじ》・方等時《ほうどうじ》・般若時《はんにゃじ》・法華涅槃時《ほっけねはんじ》の五つ。

八教には、「化儀《けぎ》の四教《しきょう》」と「化法《けほう》の四教」がある。化儀の四教とは、釈尊《しゃくそん》一代の教えを説き方によって分類したもので、①頓教《とんぎょう》（覚《さと》りの真実を直ちに説く）②漸教《ぜんきょう》（順を追って高度な教えに導《みちび》いていく）③秘密教《ひみつきょう》（仏は同一の説法を行うが、それを聞く衆生は互いにその存在を知らず、説法の理解に違いがある）④不定教《ふじょうきょう》（衆生は同一の場所で同一の内容の教えを聞き、互いにその存在を認識するが、教えの理解に相違がある）の四つ。化法の四教とは、教えの内容から分類した蔵教《ぞうきょう》・通教《つうぎょう》・別教《べっきょう》・円教《えんぎょう》の四つ（第11章〈注14〉で詳述）。

〈注3〉**【天台宗《てんだいしゅう》の後代《こうだい》の学者たちは……門下《もんか》になってしまった】** 日蓮大聖人は「開目抄《かいもくしょう》」などで言及《げんきゅう》されているが、天台大師《てんだいだいし》の亡《な》き後、華厳宗《けごんしゅう》や真言《しんごん》が皇帝《こうてい》らに重んじられ中国で隆盛《りゅうせい》した。華厳宗の澄観《ちょうかん》は華厳経《けごんぎょう》の「心如工画師（心は工《たく》みなる画師《えし》の如《ごと》し）」の文《もん》に一念三千《いちねんさんぜん》が示されているとした。真言の善無畏《ぜんむい》は大日経《だいにちきょう》を漢訳する際に天台宗の学僧《がくそう》・一行《いちぎょう》を用いたが、大日経に一念三千の法理が説かれているとの注釈《ちゅうしゃく》を作った。天台宗の僧らはその非《ひ》を責《せ》めることなく容認《ようにん》していた。

〈注4〉**【『法華玄義《ほっけげんぎ》』序《じょ》】** 天台大師《てんだいだいし》の『法華玄義』に対して章安大師《しょうあんだいし》灌頂《かんじょう》が付《ふ》した序文のこと。

第2段　一念《いちねん》三千《さんぜん》は有情《うじょう》と非情《ひじょう》にわたる

（新一二四ページ七行目〜一二五ページ四行目）
（全二三九ページ八行目〜十八行目）

第4章　一念三千は有情と非情にわたる

問う。百界千如《ひゃっかいせんにょ》と一念三千《いちねんさんぜん》の違《ちが》いは何か。

答える。百界千如は有情《うじょう》に限《かぎ》られるが、一念三千は有情・非情《ひじょう》〈注1〉の両方を含《ふく》む。

不審《ふしん》に思って尋《たず》ねる。非情《ひじょう》にも十如是《じゅうにょぜ》があるなら、草木《そうもく》に心があって有情《うじょう》のように成仏《じょうぶつ》すると言えるのだろうか。この点については、どうか。

答える。このことは難信難解《なんしんなんげ》〈注2〉である。天台宗《てんだいしゅう》の教理の中の難信難解には二つがある。一つには教相《きょうそう》における難信難解〈注3〉、二つには観心《かんじん》における難信難解〈注4〉である。

このうち教相《きょうそう》における難信難解《なんしんなんげ》とは、釈尊《しゃくそん》という一人の仏が説《と》いた教えのなかで法華経以前のどの経《きょう》でも〝声聞《しょうもん》・縁覚《えんがく》という二乗《にじょう》や一闡提《いっせんだい》〈注5〉という極《ごく》悪人《あくにん》は、未来においても永遠《えいえん》に成仏《じょうぶつ》できない〟〝教主である釈尊は、今世《こんぜ》ではじめて正しい覚《さと》りを得た（始成正覚《しじょうしょうがく》）〈注6〉〟と説いていたのが、法華経の迹門《しゃくもん》・本門《ほんもん》に至《いた》って、この二つの説《せつ》をそれぞれ否定《ひてい》した。一人の仏に二つの教説《きょうせつ》があり、その内容は水と火のように相《あい》いれない。誰《だれ》がこれを信じるだろうか。これが教相における難信難解である。

観心《かんじん》における難信難解《なんしんなんげ》とは、百界千如《ひゃっかいせんにょ》と一念三千《いちねんさんぜん》であり、非情《ひじょう》に色心《しきしん》の二法〈注7〉、十如是《じゅうにょぜ》がそなわるということである。しかし、木像《もくぞう》や絵像《えぞう》については、儒教《じゅきょう》・道教《どうきょう》などの聖典《せいてん》においても、また仏教の教典《きょうてん》においても、ともに本尊《ほんぞん》とすることを認《みと》めている。その根拠《こんきょ》となる教えを説《と》いているのは天台宗《てんだいしゅう》だけである。もし草木《そうもく》に色心の因果《いんが》がそなわっていることを認めないなら、木像や絵像を本尊として信仰《しんこう》しても何の利益《りやく》もない。疑《うたが》って尋《たず》ねる。草木《そうもく》や国土に十如是《じゅうにょぜ》があり、因果《いんが》の二法がそなわっていることは、どの文《もん》に出ているのか。

答える。『摩訶止観《まかしかん》』第五巻には、「国土世間《こくどせけん》もまた十如是《じゅうにょぜ》をそなえている。それ故《ゆえ》、悪国土《あっこくど》には悪国土の相《そう》・性《しょう》・体《たい》・力《りき》などがある」とある。『法華玄義釈籤《ほっけげんぎしゃくせん》』〈注8〉第六巻には、「相《そう》は色法《しきほう》にだけあり、性《しょう》は心法《しんぽう》にだけある。体《たい》・力《りき》・作《さ》・縁《えん》は内容的に色法と心法の両面を含《ふく》み、因《いん》と果《か》は心法にだけあり、報《ほう》は色法にだけある」とある。『金錍論《こんぺいろん》』〈注9〉には、「一本の草、一本の木、一個の石、一粒《ひとつぶ》の塵《ちり》にも、それぞれに一つの正因仏性《しょういんぶっしょう》〈注10〉があり、それぞれに一つの因果《いんが》がある。縁因仏性《えんいんぶっしょう》・了因仏性《りょういんぶっしょう》〈注10〉をも具《そな》えている」とある。

◇注　解◇

〈注1〉**【有情《うじょう》・非情《ひじょう》】** 有情とは、人間や動物のように感情や意識を持ち、生命活動を能動《のうどう》的《てき》に行えるものをいう。鳩摩羅什《くまらじゅう》らの旧訳《くやく》では「衆生《しゅじょう》」と訳された。玄奘《げんじょう》らの新訳では「有情」と訳される。非情とは、草木《そうもく》・山河《さんが》・大地のように感情を能動的に表すことができず、活動も受動的《じゅどうてき》なものをいう。

〈注2〉**【難信難解《なんしんなんげ》】** 信じ難《がた》く理解し難いこと。仏が自身の覚《さと》りを直ちに説いた教え（随自《ずいじ》意《い》）は凡夫《ぼんぷ》にとって信じ難く理解し難い。それ故《ゆえ》、難信難解は、仏の真実の教えである証《しょう》拠《こ》とされる。

〈注3〉**【教相《きょうそう》における難信難解《なんしんなんげ》】** 教相とは、経典などで文《もん》の上に明らかなかたちで説かれている教え。「教相における難信難解」とは、法華経の教えが、それ以前に説かれた経典（爾前経《にぜんきょう》）の教えと相反するために、難信難解であるということである。

この「教相における難信難解《なんしんなんげ》」については、「開目抄《かいもくしょう》」の前半で取り上げて詳しく論じられている。要約《ようやく》して述《の》べると、法華経は爾前経《にぜんきょう》とはまったく反対の教えを説いているが、それは、釈尊《しゃくそん》がそれまでの方便《ほうべん》の教えを捨《す》てて、自身が覚《さと》った真実をはじめて明かした経であること、またその教えが真実であると多宝如来《たほうにょらい》や十方《じっぽう》の世界の仏が一座《いちざ》に集《あつ》まって保《ほ》証《しょう》（証明《しょうめい》）していることを挙《あ》げ、法華経の教えを強《し》いて信じるべきであることを教えられている。

このように、「教相《きょうそう》における難信難解《なんしんなんげ》」については、「開目抄《かいもくしょう》」で詳述《しょうじゅつ》されているので、本抄では項目《こうもく》だけ挙《あ》げて、詳しい説明は省略《しょうりゃく》されている。

〈注4〉【観心《かんじん》における難信難解《なんしんなんげ》】観心とは己心《こしん》を観《かん》じて覚《さと》りを得ることであるが、教法《きょうほう》の大別《たいべつ》としては、経文上《きょうもんじょう》に明らかに示された教相《きょうそう》の教えに対して、経文に底意《ていい》として示されている教えを意味し、これは修行者にとって仏道修行の完成と成仏《じょうぶつ》に関わる。「観心の本《ほん》尊《ぞん》」を明かされる本抄では、「開目抄《かいもくしょう》」では詳しく論じられていなかった、「観心における難信難解」を取り上げて詳細に論じられていくのである。

〈注5〉【一闡提《いっせんだい》】サンスクリットのイッチャンティカの音写。誤《あやま》った欲望《よくぼう》や考えにとらわれて正しい教えを信じようとしない人。不信・謗法《ほうぼう》を悔い改めず、無間地獄《むけんじごく》に堕《お》ちるとされる。

〈注6〉【始成正覚《しじょうしょうがく》】法華経本門《ほんもん》に至《いた》るまでの諸経《しょきょう》では、釈尊《しゃくそん》は無数の過去世での仏道修行を経《へ》て、インドに生まれて三十歳（異説《いせつ》はあるが、鎌倉《かまくら》時代の日本では三十歳とされた）で、初めて最高の覚《さと》り（正覚）を得たと説かれており、これを始成正覚という。これに対して、法華経本門如来寿量品《にょらいじゅりょうほん》第十六では、釈尊は実は五百塵点劫《ごひゃくじんてんごう》という久遠《くおん》の昔に成仏《じょうぶつ》していたと釈尊の真実の境地《きょうち》を明かしており、これを久遠実成《くおんじつじょう》という。

〈注7〉【色心《しきしん》の二法】認識《にんしき》の対象となる色法《しきほう》と心法《しんぽう》のこと。色法とは、目・耳・鼻《はな》・舌《した》・

皮膚《ひふ》・意（心）という器官で知覚・認識できる対象。心法とは、認識をする心の本体と種々のはたらき。

〈注8〉【『法華玄義釈籤《ほっけげんぎしゃくせん》』】妙楽大師湛然《みょうらくだいしたんねん》による『法華玄義』の注釈書《ちゅうしゃくしょ》。十巻（または二十巻）。

〈注9〉【『金錍論《こんぺいろん》』】妙楽大師《みょうらくだいし》の著作。『金剛錍《こんごうべい》』のこと。一巻。大乗《だいじょう》の涅槃経《ねはんぎょう》をもとに、非情《ひじょう》にも仏性《ぶっしょう》があることを説く。この思想は草木成仏《そうもくじょうぶつ》の根拠《こんきょ》として日本仏教にも大きな影響《えいきょう》を与《あた》えた。

〈注10〉【正因仏性《しょういんぶっしょう》・縁因仏性《えんいんぶっしょう》・了因仏性《りょういんぶっしょう》】仏性とは、成仏《じょうぶつ》の因として衆生の生命に元来そなわっている性質《せいしつ》のこと。天台大師智顗《てんだいだいしちぎ》は仏性を三つの側面に分け、①正因仏性（衆生の生命に元来そなわっている仏の境地《きょうち》、すなわち仏界《ぶっかい》。仏の境涯《きょうがい》を開くための直接的な因）②了因仏性（仏界・法性《ほっしょう》・真如《しんにょ》を覚知《かくち》し開き顕《あらわ》す智慧《ちえ》）③縁因仏性（了因を助け、正因を開発していく縁《えん》となるすべての善行《ぜんぎょう》）を立てた。

大段第二（1）　観《かん》心《じん》を明かす

（新一二五ページ五行目～一三五ページ十七行目）
（全二四〇ページ一行目～二四七ページ八行目）

第3段　あらあら観《かん》心《じん》を説明する

（新一二五ジペー五行目〜十行目）
（全二四〇ジペー一行目〜四行目）

第5章　観心の意味

問う。一念三千《いちねんさんぜん》がどこに明かされているかは、すでに聞いた。それでは、観《かん》心《じん》とはどういう意味か。

答える。観心とは自分自身の心を見つめて、そこに十界《じっかい》を見ること、これを観心というのである〈注1〉。

譬《たと》えを示《しめ》せば、他人の六根《ろっこん》（目《め》・耳《みみ》・鼻《はな》などの知覚《ちかく》・認識器官《にんしききかん》）を見ても、自分の六根を見たことがないなら、自分自身に具《そな》わっている六根については分からない。曇《くも》りのない鏡《かがみ》に向かった時、はじめて自分自身に具わっている六根を見るようなものである。同様に、諸経《しょきょう》の中で随所《ずいしょ》に（地獄《じごく》・餓鬼《がき》・畜生《ちくしょう》・修羅《しゅら》・人《にん》・天《てん》という）六道《ろくどう》や（声聞《しょうもん》・縁覚《えんがく》・菩薩《ぼさつ》・仏という）四聖《ししょう》について触《ふ》れているけれども、法華経や、天台大師《てんだいだいし》が述《の》べた『摩訶止観《まかしかん》』などの曇りのない鏡〈注2〉を見なければ、自分自身に具わっている十界《じっかい》・百界千如《ひゃっかいせんにょ》・一念三千《いちねんさんぜん》を知ることはないのである。

◇注　解◇

〈注1〉観心《かんじん》の修行については、さまざまな実践が唱《とな》えられた。天台大師智顗《てんだいだいしちぎ》は、それらを集大成《しゅうたいせい》し、万人成仏《じょうぶつ》のための実践として一念三千《いちねんさんぜん》の法門を説いた。この一念三千は、凡夫《ぼんぷ》が自分の一念を観察して、自身の生命に三千世間《せけん》がそなわっていることを見ようとするものである。

「開目抄《かいもくしょう》」で「一念三千《いちねんさんぜん》は十界互具《じっかいごぐ》よりこと《事》はじ《始》まれり」（新五四ジペー・全一八九ジペー）と仰《おお》せのように、一念三千の中核《ちゅうかく》は十界互具である。つまり、己心《こしん》に十界がそなわることを見ることが、観心《かんじん》の要点《ようてん》となる。それ故《ゆえ》、「観心とは、我《わ》が己心を観《かん》じて十法界《じっぽうかい》を見る」（新一二五ジペー・全二四〇ジペー）と仰せなのである。

〈注2〉**【法華経や、天台大師《てんだいだいし》が述べた『摩訶止観《まかしかん》』などの曇《くも》りのない鏡《かがみ》】**法華経や『摩訶止観』には、仏や天台大師の智慧《ちえ》の眼《まなこ》で見た十界互具《じっかいごぐ》という万物の真実の様相が記されている。その記述《きじゅつ》を鏡として、私たちの己心《こしん》にも十界が具《そな》わっていること、すなわち十界互具・一念三千《いちねんさんぜん》という真実を知ることができる。

第4段　詳《くわ》しく観心《かんじん》を説明する

（新一二五㌻十一行目～一二七㌻一行目）
（全二四〇㌻五行目～二四一㌻四行目）

第6章　十界互具《じっかいごぐ》の文《もん》を引く

（新一二五㌻十一行目～一二六㌻九行目）
（全二四〇㌻五行目～十六行目）

問う。法華経ではどの経文《きょうもん》か。また天台大師《てんだいだいし》の注釈《ちゅうしゃく》はどうか。

答える。法華経の第一巻の方便品《ほうべんぼん》には「衆生《しゅじょう》に仏知見《ぶっちけん》〈注1〉を開かせようとする」とある。これは、九界《きゅうかい》にそなわる仏界《ぶっかい》を明かした文《もん》である。

寿量品《じゅりょうほん》には、「このように私が成仏《じょうぶつ》して以来、非常《ひじょう》に長遠《ちょうおん》である。寿命《じゅみょう》は無《む》量阿僧祇劫《りょうあそうぎこう》であり、常《つね》に存在していて不滅《ふめつ》である。弟子たちよ、私は非常に遠い過去に菩薩道《ぼさつどう》を修行して、それによって得た寿命は、今なお尽《つ》きておらず、これからの寿命は前に述《の》べた五百塵点劫《ごひゃくじんてんごう》の倍の長さである」とある。この経文《きょうもん》は、仏界《ぶっかい》に具《そな》わる九界《きゅうかい》を明かした文《もん》である〈注2〉。

法華経には、「提婆達多《だいばだった》〈注3〉は〈中略〉天王如来《てんのうにょらい》になるだろう」（提婆達多品《だいばだったほん》）とある。これは、地獄界《じごくかい》に具《そな》わる仏界《ぶっかい》を明かした文である。

法華経には、「（十羅刹女のうち《じゅうらせつにょ》）一人を藍婆《らんば》〈注4〉という。〈中略〉あなたたち（十羅刹女）が法華経の名を受持《じゅじ》する者を守るだけでも福徳《ふくとく》は計り知れない」（陀羅尼《だらに》品《ほん》）とある。これは、餓鬼界《がきかい》に具《そな》わる十界《じっかい》を明かした文である。

法華経には、「竜女《りゅうにょ》〈注5〉が〈中略〉正しい覚《さと》りを成就《じょうじゅ》した」（提婆達多品《だいばだったほん》）とある。これは、畜生界《ちくしょうかい》に具《そな》わる十界《じっかい》を明かした文である。

法華経には、「婆稚阿修羅王《ばじあしゅらおう》〈注6〉は、〈中略〉（法華経の）一つの偈《げ》や一つの句《く》を聞いて最高の正しい覚《さと》りを得るだろう」（法師品《はっしほん》）とある。これは、修羅界《しゅらかい》に具《そな》わる十界《じっかい》を明かした文である。

法華経には、「もし人が仏を供養《くよう》すれば〈中略〉皆《みな》、仏の覚《さと》りを成就《じょうじゅ》しているのである」（方便品《ほうべんぼん》）とある。これは、人界《にんかい》に具《そな》わる十界《じっかい》を明かした文《もん》である。

法華経には、「大梵天王《だいぼんてんのう》〈注7〉は言った。〈中略〉『われらもまた舎利弗《しゃりほつ》〈注8〉と同じく必《かなら》ず仏になることができるだろう』」（譬喩品《ひゆほん》）とある。これは、天界《てんかい》に具《そな》わる十界《じっかい》を明かした文である。

法華経には、「舎利弗《しゃりほつ》は〈中略〉華光如来《けこうにょらい》になるだろう」（譬喩品《ひゆほん》）とある。これは、声聞界《しょうもんかい》に具《そな》わる十界《じっかい》を明かした文である。

法華経には、「縁覚《えんがく》の境地《きょうち》を求《もと》めていた者たち、僧《そう》と尼《あま》は〈中略〉合掌《がっしょう》し尊敬《そんけい》の心で、すべてを円満《えんまん》にそなえた道〔具足《ぐそく》の道《どう》〕を聞こうとしている」（方便《ほうべん》品《ぼん》）とある。これは、縁覚界《えんがくかい》に具《そな》わる十界《じっかい》を明かした文である。

法華経には「無数の地涌《じゆ》の菩薩《ぼさつ》が言った。〈中略〉『私たちも真実にして清浄《せいじょう》な大法《だいほう》を得たいと思います』」（如来神力品《にょらいじんりきほん》）とある。これは、菩薩界《ぼさつかい》に具《そな》わる十《じっ》界《かい》を明かした文である。

法華経には、「(仏は)ある時は自身の姿《すがた》を説《と》き、ある時は他の姿を説いてきた」(如来寿量品《にょらいじゅりょうほん》)とある。これは、仏界《ぶっかい》に具《そな》わる十界《じっかい》を明かした文《もん》である。

◇注　解◇

〈注1〉【仏知見《ぶっちけん》】仏の智慧《ちえ》のこと。法華経方便品《ほうべんぽん》第二では、諸仏《しょぶつ》は衆生《しゅじょう》に仏知見を開かせ、示《しめ》し、悟《さと》らせ、その道に入らせる（開示悟入《かいじごにゅう》）ためにこの世《よ》に出現したと説かれる。

〈注2〉この方便品《ほうべんぽん》と寿量品《じゅりょうほん》の二つの文《もん》から、九界《きゅうかい》の衆生《しゅじょう》にも仏界《ぶっかい》が具《そな》わっているのでそれを直ちに開けば成仏《じょうぶつ》できることが示され、逆に、仏界を開いて成仏した仏も決して九界を消し去って成仏したのではないことが分かる。

すなわち、九界《きゅうかい》の衆生《しゅじょう》も仏界《ぶっかい》の仏も、その生命は、十界《じっかい》が常住《じょうじゅう》で具足《ぐそく》されていて本質的に同一で、どの境涯《きょうがい》が現《あらわ》れているかによって十界の違《ちが》いがあることが分かるのである。

〈注3〉【提婆達多《だいばだった》】サンスクリットのデーヴァダッタの音写。釈尊《しゃくそん》の従兄弟《いとこ》で、最初は釈尊の弟子だったが、慢心《まんしん》を起こして敵対《てきたい》し、釈尊に種々の危害《きがい》を加えたり、教団《きょうだん》の分裂《ぶんれつ》を企《くわだ》てた。その悪行《あくぎょう》ゆえに生きながら地獄《じごく》に堕《お》ちたという。よって、ここでは地獄界の衆生《しゅじょう》の代表とされている。

〈注4〉【藍婆《らんば》】法華経陀羅尼品《だらにほん》第二十六では、十人の羅刹女《らせつにょ》が、法華経を受持《じゅじ》する者を守ることを誓《ちか》っているが、藍婆はその筆頭《ひっとう》に挙《あ》げられる。羅刹は、サンスクリットのラークシャサの音写で、人の血肉を食うとされる悪鬼《あっき》だが、毘沙門天王《びしゃもんてんのう》の配下《はいか》として北方を守護《しゅご》するともいわれる。羅刹女は、ラークシャサの女性形ラークシャシーの訳で、女性の羅刹のこと。鬼神《きじん》であるので、ここでは餓鬼界《がきかい》の代表とされている。

〈注5〉【竜女《りゅうにょ》】大海《たいかい》に住む娑竭羅竜王《しゃがらりゅうおう》の娘《むすめ》。文殊師利菩薩《もんじゅしりぼさつ》が説いた法華経によって修行をし、仏の覚《さと》りに達した。法華経提婆達多品《だいばだったほん》第十二では、竜女が覚ったことを信じない智積《ちしゃく》菩薩らの前で速《すみ》やかに成仏《じょうぶつ》する姿《すがた》を示した。竜は畜生《ちくしょう》の一つであるので、ここでは畜生界の代表とされている。

〈注6〉【婆稚阿修羅王《ばじあしゅらおう》】法華経の説法《せっぽう》の場に集っていた阿修羅王の一人。

〈注7〉【大梵天王《だいぼんてんのう》】梵天はサンスクリットのブラフマーの訳。古代インドの世界観において世界を創造し宇宙を支配するとされる中心的な神。種々の梵天がいるが、その中の王たちを大梵天王という。仏教に取り入れられ、仏法を守護《しゅご》する諸天善神《しょてんぜんじん》とされた。

〈注8〉【舎利弗《しゃりほつ》】サンスクリットのシャーリプトラの音写。釈尊《しゃくそん》の十大弟子の一人で、智《ち》慧《え》第一とされる。声聞《しょうもん》の代表。法華経譬喩品《ひゆほん》第三で、未来に華光如来《けこうにょらい》になると釈尊から保証された。

第7章　難信難解《なんしんなんげ》を示す

（新一二六ジペー十行目～一二七ジペー一行目）
（全二四〇ジペー十七行目～二四一ジペー四行目）

問う。自分や他人の六根《ろっこん》はどちらも見ることができる。しかし自分や他人の十界《じっかい》についてはまだ見たことがない。どうして信じることができるだろうか〈注1〉。

答える。法華経法師品《ほっしほん》には「難信難解《なんしんなんげ》」とある。宝塔品《ほうとうほん》には「六難九易《ろくなんくい》〈注2〉」とある。

天台大師《てんだいだいし》は、「法華経の本門《ほんもん》と迹門《しゃくもん》に説《と》かれていることは、ことごとくそれ以前の教えに反しているので、難信難解《なんしんなんげ》である」（『法華文句《ほっけもんぐ》』）と言っている。

章安大師《しょうあんだいし》は、「仏は百界千如《ひゃっかいせんにょ》・十界互具《じっかいごぐ》を一大事とされた。どうして容易《ようい》に分かるはずがあるだろうか」（『観心論疏《かんじんろんしょ》』〈注3〉）と言っている。

伝教大師《でんぎょうだいし》（最澄《さいちょう》）〈注4〉は、「この法華経は最も難信難解《なんしんなんげ》である。なぜなら、

（新127）

仏が自《みずか》らの本意のままに説《と》いたもの〔随自意《ずいじい》〕であるからである」（『法華秀句《ほっけしゅうく》』〈注5〉）と言っている。

釈尊《しゃくそん》の存命中《ぞんめいちゅう》、法華経で成仏《じょうぶつ》した衆生《しゅじょう》は、過去世で釈尊と深い縁《えん》があった衆生である。その上、教主である釈尊、多宝如来《たほうにょらい》〈注6〉、十方《じっぽう》の分身《ふんじん》の仏たち〈注7〉、無数の地涌《じゆ》の菩薩《ぼさつ》〈注8〉、文殊《もんじゅ》菩薩〈注9〉、弥勒《みろく》菩薩〈注10〉らが、彼らに力《ちから》を貸《か》し、正しい道に進むよう強く言われたにもかかわらず、まだ（法華経で説かれる）十界互具《じっかいごぐ》を信じない者がいたのである。方便品《ほうべんぼん》では五千人の慢心《まんしん》の者たち〈注11〉が法華経の説法《せっぽう》の座《ざ》を去《さ》り、宝塔品《ほうとうほん》の時には、多くの人界《にんかい》・天界《てんかい》の衆生が他の国土へ移《うつ》された〈注12〉のである。

まして仏が亡《な》くなった後の正法《しょうほう》・像法《ぞうほう》の時代に十界互具《じっかいごぐ》を信じ難《がた》いことは言うまでもない。まして末法《まっぽう》の初めともなれば、いっそう信じ難いのである。今あなたが十界互具を信じたら、正しい教えではないだろう〈注13〉。

◇注　解◇

〈注1〉【問う。自分や他人の……信じることができるだろうか】目や耳などの六根《ろっこん》は鏡《かがみ》で見ることができるが、十界互具《じっかいごぐ》を説く法華経の経文《きょうもん》を鏡としても、凡夫《ぼんぷ》には自他の生命に十界を見ることができないので、とても信じ難《がた》い、との疑問である。

三世《さんぜ》を見通し因果《いんが》の道理を知る仏の智慧《ちえ》の眼《まなこ》でみれば、十界《じっかい》の衆生《しゅじょう》には、次に現ずる境《きょう》涯《がい》として十界のすべてがそなわっていることが分かる。したがって、十界のどの衆生も、この真実を映《うつ》し出してみせる明鏡《めいきょう》、仏界《ぶっかい》を開く縁《えん》となる正しい対象を得れば、仏界を現じて成仏《じょうぶつ》できるはずなのである。

ところが、肉眼《にくげん》はあるけれども仏の智慧《ちえ》の眼《まなこ》をもたない衆生《しゅじょう》には、仏が如実《にょじつ》に見て覚《さと》った真実をそのまま法華経で説いても、衆生自身の目には見えていないので、その通りであると信じられず、直《ただ》ちに仏界《ぶっかい》を開く縁《えん》とすることができないのである。

〈注2〉【六難九易《ろくなんくい》】法華経見宝塔品《けんほうとうほん》第十一には、釈尊《しゃくそん》が亡《な》くなった後に法華経を実践する難しさを六つの観点から説き、それに比《くら》べれば、須弥山《しゅみせん》（古代インドの世界観で世界の中心にあるとされた高山）をとって他方《たほう》の世界に投げるなどの九つのことは易《やさ》しいと説かれている。

〈注3〉【『観心論疏《かんじんろんしょ》』】 天台大師智顗《てんだいだいしちぎ》が講述《こうじゅつ》し弟子が筆録《ひつろく》した『観心論』を、章安大師灌頂《しょうあんだいしかんじょう》が注釈《ちゅうしゃく》したもの。五巻。

〈注4〉【伝教大師《でんぎょうだいし》(最澄《さいちょう》)】 七六七年あるいは七六六年~八二二年。平安初期の僧で、日本天台宗《てんだいしゅう》の開祖。比叡山《ひえいざん》(後の延暦寺《えんりゃくじ》、現在の滋賀県大津市《しがけんおおつし》)を拠点《きょてん》として修行し、その後、唐《とう》に渡り天台教学と密教《みっきょう》を学ぶ。帰国後、法華経を根本とする天台宗を開創した。晩年《ばんねん》は大乗戒壇《だいじょうかいだん》の設立を目指して諸宗《しょしゅう》から反発にあうが、没後《ぼつご》七日目に勅許《ちょっきょ》が下り、実現した。主著に『守護国界章《しゅごこっかいしょう》』『顕戒論《けんかいろん》』『法華秀句《ほっけしゅうく》』など。

〈注5〉【『法華秀句《ほっけしゅうく》』】 伝教大師《でんぎょうだいし》の著作。三巻(または五巻)。法華経が十の点で諸経典より優《すぐ》れていることを説く。特に、法相宗《ほっそうしゅう》の僧・得一《とくいつ》が法華経を誹謗《ひぼう》したことを糾弾《きゅうだん》している。

〈注6〉【多宝如来《たほうにょらい》】 法華経見宝塔品《けんほうとうほん》第十一で出現し、釈尊《しゃくそん》の説いた法華経が真実であることを保証《ほしょう》(証明《しょうめい》)した仏。過去世において、成仏《じょうぶつ》して滅度《めつど》した後、法華経が説かれる場所には、自《みずか》らの全身を安置《あんち》した宝塔が出現することを誓願《せいがん》した。釈尊が宝塔を開くと、多宝如来が座《ざ》しており、以後、嘱累品《ぞくるいほん》第二十二まで、釈尊は宝塔の中で多宝如来と並《なら》んで座《すわ》って、法華経の会座《えざ》を主宰《しゅさい》する。

〈注7〉【十方《じっぽう》の分身《ふんじん》の仏たち】 仏が衆生《しゅじょう》を教化《きょうけ》するため、十方の世界に身を分かち現《あらわ》したもの。十方とは、東西南北の四方《しほう》と東南・西南・西北・東北の四維《しい》に上下を加えたもので、空間的に全宇宙を表す。

〈注8〉【地涌《じゆ》の菩薩《ぼさつ》】法華経従地涌出品《じゅうじゆじゅっぽん》第十五において、釈尊《しゃくそん》の呼び掛《か》けに応《こた》えて、娑婆《しゃば》世界《せかい》の大地を破《やぶ》って下方の虚空《こくう》から涌《わ》き出てきた無数の菩薩たち。上行《じょうぎょう》・無辺行《むへんぎょう》・浄行《じょうぎょう》・安立行《あんりゅうぎょう》の四菩薩《しぼさつ》を代表とし、それぞれが無数の眷属《けんぞく》をもつ。如来神力品《にょらいじんりきほん》第二十一で釈尊から、滅後《めつご》の法華経の弘通《ぐつう》を、その主体者として託《たく》された。この地涌の菩薩は、久遠実成《くおんじつじょう》の釈尊（本仏《ほんぶつ》）から久遠の昔に教化《きょうけ》されたので、本化《ほんげ》の菩薩という。これに対して、文殊《もんじゅ》・弥勒《みろく》などは、迹仏《しゃくぶつ》（始成正覚《しじょうしょうがく》の釈尊など）あるいは他方《たほう》の世界の仏から教化された菩薩なので、迹化《しゃっけ》・他方の菩薩という。

〈注9〉【文殊菩薩《もんじゅぼさつ》】文殊は文殊師利《もんじゅしり》の略で、サンスクリットのマンジュシュリーの音写。直訳すると、「うるわしい輝《かがや》きを持つ者」。仏の智慧《ちえ》を象徴《しょうちょう》する菩薩で、仏像などでは獅子《しし》に乗った姿《すがた》で釈尊《しゃくそん》の向かって左に配《はい》される。法華経では、弥勒《みろく》菩薩・薬王《やくおう》菩薩とともに、菩薩の代表として登場する。

〈注10〉【弥勒菩薩《みろくぼさつ》】弥勒はサンスクリットのマイトレーヤの音写で、慈愛《じあい》に満《み》ちた者を意味する。釈尊《しゃくそん》が入滅《にゅうめつ》して五十六億七千万年後に仏として再びこの世界に登場するとされる。現在は菩薩の修行を重ね、一生補処《いっしょうふしょ》（次の生《せい》で仏となって、前の仏の処《ところ》を補《おぎな》う者）に達し、都率天《とそつてん》の内院《ないいん》に住むとされる。

〈注11〉【五千人の慢心《まんしん》の者たち】法華経方便品《ほうべんぼん》第二で、釈尊《しゃくそん》がまさに真実を説こうと述《の》べたにもかかわらず、すでに分かっていると慢心を起こして退席《たいせき》した五千人の四衆《ししゅ》（出家《しゅっけ》・在《ざい》家《け》の男女）のこと。

〈注12〉**【他の国土へ移《うつ》された】** 法華経見宝塔品《けんほうとうほん》第十一で、釈尊《しゃくそん》は宝塔を開くにあたって十《じっ》方《ぽう》の世界の分身《ふんじん》の諸仏《しょぶつ》を集めることになり、まず娑婆世界《しゃばせかい》を清浄《せいじょう》にしてから、法華経の説《せっ》法《ぽう》の聴衆《ちょうしゅう》以外の天界《てんかい》・人界《にんかい》の衆生《しゅじょう》を他土《たど》に移して分身の諸仏を集めた。しかし、まだ入りきらなかったため、その後、二度にわたって八方それぞれの二百万億那由他《なゆた》の国土を清浄にし、天・人を他土に移して分身の諸仏を集め、一つの仏国土《ぶっこくど》に統一《とういつ》した。このように、釈尊が三度にわたり国土を浄化《じょうか》したことを「三変土田《さんぺんどでん》」という。

〈注13〉**【今あなたが十界互具《じっかいごぐ》を信じたら、正しい教えではないだろう】** 釈尊《しゃくそん》が亡《な》くなって久《ひさ》しく教えが混乱《こんらん》している末法《まっぽう》という時代の機根《きこん》が劣悪《れつあく》な凡夫《ぼんぷ》には、法華経の文《もん》が難信難《なんしんなん》解《げ》なのは当然《とうぜん》である。それ故《ゆえ》、末法の凡夫のあなたが簡単に信じられるようなら、仏の覚《さと》りの真実を説いた正法《しょうほう》ではない、と仰《おお》せなのである。

第5段　心に具《そな》わる十界《じっかい》

（新一二七ページ二行目～一二九ページ三行目）
（全二四一ページ五行目～二四二ページ十三行目）

第8章　自身の心に具《そな》わる六道《ろくどう》

（新一二七ページ二行目～八行目）
（全二四一ページ五行目～九行目）

問う。法華経の文《もん》や天台《てんだい》・章安《しょうあん》らの注釈《ちゅうしゃく》には疑《うたが》いの余地《よち》はない。しかし、火を水と言い、墨《すみ》を白いと言っているようなもので、たとえ仏が説《と》かれたことであっても信じることは難《むずか》しい。

今、いくら他人の顔を見ても、ただ人界《にんかい》だけは見えるが、十界《じっかい》のその他の界を見ることはできない。自分の顔を見ても、また同様である。どうして信じることができるだろうか。

答える。何度となく人の顔を見ていると、ある時は喜《よろこ》び、ある時は怒《いか》り、ある時は平穏《へいおん》に、ある時は貪《むさぼ》りを現《あらわ》し、ある時は愚《おろ》かさを現し、ある時は本心を曲げて人に諂《へつら》い機嫌《きげん》をとっている。怒るのは地獄界《じごくかい》、貪るのは餓鬼界《がきかい》、愚かなのは畜生界《ちくしょうかい》、本心を曲げるのは修羅界《しゅらかい》、喜ぶのは天界《てんかい》、平穏なのは人界《にんかい》である。

このように他の人の姿《すがた》・形を見れば、六道《ろくどう》〈注1〉がすべてある。四聖《ししょう》〈注2〉は潜在《せんざい》していて現《あらわ》れないけれども、詳《くわ》しく調べれば必《かなら》ずあるにちがいない。

◇注　解◇

〈注1〉【六道《ろくどう》】十界《じっかい》の境涯《きょうがい》のうち、地獄《じごく》・餓鬼《がき》・畜生《ちくしょう》・修羅《しゅら》・人《にん》・天《てん》の六つのこと。仏教の修行を行わない凡夫《ぼんぷ》は、この迷《まよ》いに満《み》ちた六道で生死《しょうじ》を繰《く》り返《かえ》すとされ、これを六道輪廻《ろくどうりんね》という。このうち苦悩《くのう》に満ちた地獄・餓鬼・畜生の三つを三悪道《さんあくどう》といい、これに対し修羅・人・天を三善道《さんぜんどう》という。また、三悪道に修羅を加えて四悪趣《しあくしゅ》という。

〈注2〉【四聖《ししょう》】仏道修行によって得られる覚《さと》りの境涯《きょうがい》。声聞《しょうもん》・縁覚《えんがく》・菩薩《ぼさつ》・仏の四つの段階に分けられる。声聞・縁覚を二乗《にじょう》という。

第9章　自身の心に具《そな》わる三乗《さんじょう》

（新一二七ページ九行目〜十七行目）
（全二四一ページ十行目〜十六行目）

問う。六道《ろくどう》については、明瞭《めいりょう》ではないけれども、だいたいのところを聞いた範囲《はんい》では、それらはすべてあるようである。しかし、四聖《ししょう》はまったく見えない。これはどういうことか。

答える。あなたは先ほどまでは人界《にんかい》に六道《ろくどう》があることを疑《うたが》っていた。しかし、何とか説明したところ、〝あるようである〟と言われた。四聖《ししょう》の場合もまた同じだろうか。試《こころ》みに筋道《すじみち》を立てて万分の一でも述《の》べてみよう。

すなわち、世間《せけん》の無常《むじょう》のありさまは、いつも目にすることである。どうして、人界《にんかい》に声聞《しょうもん》・縁覚《えんがく》という二乗界《にじょうかい》がないだろうか。他人のことを顧《かえり》みない悪人ですら、自分の妻《つま》や子には優《やさ》しくする。これは、わずかではあるが菩薩界《ぼさつかい》が現《あらわ》れているのである。

ただし、仏界《ぶっかい》だけは現《あらわ》れるのが難《むずか》しい。九界《きゅうかい》が具《そな》わっていることで、仏界もまた具わるとあえて信じ、疑惑《ぎわく》をいだくことがあってはならない。

法華経の文《もん》には人界《にんかい》について説《と》いて、「衆生《しゅじょう》に仏知見《ぶっちけん》を開かせようとする」（方便品《ほうべんぼん》）〈注1〉とある。

また涅槃経《ねはんぎょう》には「大乗《だいじょう》の教えを学ぶ者は、肉眼《にくげん》がある凡夫《ぼんぷ》であっても、それを仏眼《ぶつげん》〈注2〉と名づける」〈注3〉とある。末法《まっぽう》に凡夫が生まれて法華経を信じるのは、人界《にんかい》に仏界《ぶっかい》が完全に具《そな》わっているからなのである〈注4〉。

◇注　解◇

〈注1〉**【「衆生《しゅじょう》に仏知見《ぶっちけん》を開かせようとする」】** 九界《きゅうかい》の衆生の生命に仏知見すなわち仏界《ぶっかい》の智慧《ちえ》の境涯《きょうがい》が本来あることを意味している。「開《ひら》かしめん」と経《きょう》に説かれているのは、もともとあるからこそ、それを開き顕《あらわ》すことができると示しているのである。

〈注2〉**【仏眼《ぶつげん》】** 仏の智慧《ちえ》の眼《まなこ》。一切《いっさい》の事物・事象を三世十方《さんぜじっぽう》にわたり見通すことができる。

〈注3〉**【「……肉眼《にくげん》がある凡夫《ぼんぷ》であっても、それを仏眼《ぶつげん》と名づける」】** 肉眼であるけれど、仏の智慧《ちえ》で見た真実を学び身に付けているから、仏の智慧の眼《まなこ》をもっているのと同じである、という意味。

〈注4〉**【末法《まっぽう》に凡夫《ぼんぷ》が……具《そな》わっているからなのである】** 法華経は仏の覚《さと》りの真実を説《と》いたものであるから、ただ仏たちだけが究《きわ》めることができる（「唯仏与仏《ゆいぶつよぶつ》、乃能究尽《ないのうくじん》」〈法華経一〇八ジペー〉）とされている。したがって、その法華経を凡夫が信受《しんじゅ》できるということは、凡夫自身の内に仏の智慧《ちえ》が具わっているからということになる。

第10章　凡夫《ぼんぷ》の心に具《そな》わる仏界《ぶっかい》

（新一二八㌻一行目～一二九㌻二行目）
（全二四一㌻十七行目～二四二㌻十三行目）

（新128）　（全242）

問う。十界互具《じっかいごぐ》を説《と》いた仏の言葉は明瞭《めいりょう》である。そうであっても、私たちの劣《おと》った心に仏界《ぶっかい》が具《そな》わっているというのは信じるのが困難《こんなん》なことである。しかし、今このことを信じなければ、一闡提《いっせんだい》になるのは確実《かくじつ》である。どうか大慈悲《だいじひ》を起こして、私たちにもこれを信じさせて、無間地獄《むけんじごく》の苦しみを受ける〈注1〉ことのないように守っていただきたい。

答える。あなたはすでに「ただ一大事《いちだいじ》の因縁《いんねん》」（方便品《ほうべんぽん》）の経文《きょうもん》〈注2〉を見聞きしているのに、これを信じなければ、釈尊《しゃくそん》より劣《おと》る四依《しえ》〈注3〉の菩薩《ぼさつ》や末法《まっぽう》の理即《りそく》の凡夫《ぼんぷ》〈注4〉である私たちが、どうしてあなたを不信《ふしん》から救《すく》うことができるだろうか。しかし、試《こころ》みに述《の》べてみよう。釈尊にお会いしながら覚《さと》ることができなかった者でも、仏弟子《ぶつでし》である阿難《あなん》〈注5〉らによって覚りを得た者がいるからである。

人々の機根《きこん》（仏法を理解し受容《じゅよう》する能力《のうりょく》）には二種類ある。一つには仏にお会いし、法華経によって覚《さと》りを得る者。二つには仏にお会いすることはないけれども、法華経によって覚りを得る者である〈注6〉。その上、仏教以前の中国の修行者やインドの宗教者のなかには、儒教《じゅきょう》や四つのヴェーダ〈注7〉などを縁《えん》として正しい考えをもつに至《いた》る者もあった。

また機根《きこん》の優《すぐ》れた菩薩《ぼさつ》や凡夫《ぼんぷ》などで、華厳経《けごんぎょう》〈注8〉・方等部《ほうどうぶ》の経《きょう》〈注9〉・般《はん》若経《にゃきょう》〈注10〉などの諸大乗経《しょだいじょうきょう》を聞いた縁《えん》により、大通智勝仏《だいつうちしょうぶつ》〈注11〉の時代や久遠《くおん》実成《じつじょう》〈注12〉の時の下種《げしゅ》を開き顕《あらわ》す者も数多くいたのである。同様の例を挙《あ》げれば、縁覚《えんがく》が、花が散《ち》るのや葉が落ちるのを見て、仏の教えがなくても覚《さと》りを得るのは、これである。

しかし、過去の下種《げしゅ》・結縁《けちえん》がなく、権教《ごんきょう》や小乗教《しょうじょうきょう》に執着《しゅうちゃく》する者は、たとえ法華経に巡《めぐ》り合ったとしても、小乗教・権教の考えから離《はな》れることができない。

自分の考えを正しい考えであるとするので、かえって法華経を小乗経《しょうじょうきょう》と同じだと思ったり、あるいは華厳経《けごんぎょう》・大日経《だいにちきょう》〈注13〉などと同じだと思ったり、あるいは法華経を下に見てしまったりする。これらの学者たちは中国やインドの仏教以外の賢人《けんじん》・聖人《せいじん》よりも劣《おと》っている者である。この点については、ここでは触《ふ》れないことにしよう〈注14〉。

十界互具《じっかいごぐ》の法理を立てることは、「石の中に火がある」とか「木の中に花がある」というようなものであり、一見信じ難《がた》いことではあるが、縁《えん》に触《ふ》れて現《あらわ》れるので、これを信じるのである。しかし、人界《にんかい》にそなわっている仏界《ぶっかい》は、「水の中に火がある」「火の中に水がある」というようなもので、最も信じ難いのである。とはいえ、竜火《りゅうか》は水から出現し、竜水《りゅうすい》は火から生じる〈注15〉。納得《なっとく》できなくとも、直接《ちょくせつ》見て確《たし》かめれば、これを信用する〈注16〉。あなたはすでに人界にそなわる他の八界《はっかい》については信じている。仏界についてはどうしてこれを信用しないのか。

中国古代の尭《ぎょう》や舜《しゅん》〈注17〉などの聖人《せいじん》は、万民《ばんみん》に対して公平であった。これはわずかではあるが、人界《にんかい》にそなわる仏界《ぶっかい》が現《あらわ》れているのである。不軽菩薩《ふきょうぼさつ》〈注18〉は会う人すべてに仏の身を見た。悉達太子《しったたいし》（釈尊《しゃくそん》の出家《しゅっけ》前の名）は人界から仏の身となった。これらの直接確《ちょくせつたし》かめられる事実によって、人界に仏界がそなわることを信じるのがよい。

◇注　解◇

〈注1〉**【無間地獄《むけんじごく》の苦しみを受ける】** 法華経には法華経を信じないで反発する謗法《ほうぼう》の者は死後に無間地獄に堕《お》ちると説かれている。

〈注2〉**【「ただ一大事《いちだいじ》の因縁《いんねん》」の経文《きょうもん》】** 先の第9章で引いた「仏知見《ぶっちけん》を開かせよう」との法華経方便品《ほうべんぽん》の文《もん》を指す。

〈注3〉**【四依《しえ》】** 仏の滅後《めつご》に正法《しょうほう》を護持《ごじ》し弘《ひろ》めて人々から信頼《しんらい》され、よりどころとなる四種類の人たちのこと。

〈注4〉**【理即《りそく》の凡夫《ぼんぷ》】** 生命の本性《ほんせい》（理《り》）としては仏の境地《きょうち》をそなえているが、法華経をまだ信受《しんじゅ》していないために仏の境地が迷《まよ》いと苦悩《くのう》に覆《おお》われている普通の人。天台大師《てんだいだいし》智顗《ちぎ》が立てた円教《えんぎょう》の階位《かいい》である六即《ろくそく》（理即・名字即《みょうじそく》・観行即《かんぎょうそく》・相似即《そうじそく》・分真即《ぶんしんそく》・究竟即《くきょうそく》）のうちの最初の位。

〈注5〉**【阿難《あなん》】** サンスクリットのアーナンダの音写。釈尊《しゃくそん》の十大弟子の一人で、釈尊の従《い》兄弟《とこ》に当たる。釈尊の侍者《じしゃ》として、多くの説法《せっぽう》を聞き、多聞《たもん》第一とされる。

〈注6〉ここでは、人々の機根《きこん》に二種類あることを示し、仏に会うか会わないかの違《ちが》いはあるものの、いずれにしても、仏種《ぶっしゅ》を納めている法華経によって、覚《さと》りを得ることが示されている。

すなわち、どのような人でも覚《さと》りを得て成仏《じょうぶつ》するには、法華経を初めて聞いて自身の生命に仏種《ぶっしゅ》を下《お》ろされ（最初聞法下種《さいしょもんぽうげしゅ》）、その種《たね》が調《ととの》え成熟《せいじゅく》され（調熟《じょうじゅく》）、やがてなんらかの教えなどを縁《えん》として（発心《ほっしん》下種）、最初に聞法した仏種を思い出して真実を覚り、解脱《げだつ》を得る（得脱《とくだつ》）という種熟脱《しゅじゅくだつ》の過程を経《へ》るのである。この種熟脱という仏の化導《けどう》の全体像は、本抄の後半で詳しく述《の》べられている。

〈注7〉【四つのヴェーダ】インドの伝統的な宗教であるバラモン教の四つの聖典《せいてん》。『リグ・ヴェーダ』『サーマ・ヴェーダ』『ヤジュル・ヴェーダ』『アタルヴァ・ヴェーダ』をいう。

〈注8〉【華厳経《けごんぎょう》】詳しくは大方広仏華厳経《だいほうこうぶつけごんぎょう》という。漢訳には、中国・東晋《とうしん》の仏駄跋陀羅《ぶっだばっだら》訳の六十華厳（旧訳《くやく》）、唐《とう》の実叉難陀《じっしゃなんだ》訳の八十華厳（新訳《しんやく》）、唐の般若《はんにゃ》訳の四十華厳の三種がある。無量《むりょう》の功徳《くどく》を完成した毘盧遮那仏《びるしゃなぶつ》の荘厳《そうごん》な覚《さと》りの世界を示そうとした経典であるが、仏の世界は直接に説くことができないので、菩薩《ぼさつ》のときの無量の修行（菩薩の五十二位《ごじゅうにい》）を説き、間接的に表現している。

〈注9〉【方等部《ほうどうぶ》の経《きょう》】方等は広大な教えの意で、大乗経典《だいじょうきょうてん》のこと。方等部は、大乗経典のうち、華厳経《けごんぎょう》・般若経《はんにゃきょう》・法華経・涅槃経《ねはんぎょう》などを除《のぞ》いた経典の総称《そうしょう》。天台《てんだい》教学の教判《きょうはん》である五時八教《ごじはっきょう》では、阿含経の後に説かれたとされ、二乗《にじょう》と菩薩《ぼさつ》に共通の教え（通教《つうぎょう》）と位置づけられる。

〈注10〉【般若経《はんにゃきょう》】「般若波羅蜜《はんにゃはらみつ》（智慧《ちえ》の完成）」を題名とする長短さまざまな経典の総称《そうしょう》。漢訳には、中国・後秦《こうしん》の鳩摩羅什《くまらじゅう》訳の大品般若経《だいぼんはんにゃきょう》二十七巻、同じく羅什訳の小品般若経《しょうぼんはんにゃきょう》十巻、唐《とう》の玄奘《げんじょう》訳の大般若経《だいはんにゃきょう》六百巻など多数ある。般若波羅蜜《はんにゃはらみつ》を中心とする菩薩《ぼさつ》の修行を説き、あらゆるものに常住不変《じょうじゅうふへん》の実体はないとする「空《くう》」の思想を明かしている。天台《てんだい》教学では方等部《ほうどうぶ》の経典の後に説いたとされ、二乗《にじょう》を排除《はいじょ》し菩薩だけを対象とした教え（別教《べっきょう》）と位置づけられる。

〈注11〉【大通智勝仏《だいつうちしょうぶつ》】法華経化城喩品《けじょうゆほん》第七に説かれる、三千塵点劫《さんぜんじんてんごう》という昔に出現した仏。十六人の王子の願いによって法華経を説いたが、十六王子と少数の声聞《しょうもん》以外は疑いを起こして信じなかった。その後、十六王子が、それぞれ父が説いた法華経を繰《く》り返《かえ》し説き（大通覆講《ふっこう》）、仏となる種《たね》を下《お》ろし（下種《げしゅ》）、聴衆《ちょうしゅう》の人々との縁《えん》を結《むす》んだ（これを大通結縁《けちえん》という）。この時の十六番目の王子が釈尊《しゃくそん》であり、その時、釈尊の説法《せっぽう》を聞き、下種を受けた衆生《しゅじょう》がその後、第十六王子とともに諸仏《しょぶつ》の国土に生まれ合わせ、インドで成道《じょうどう》した釈尊に巡《めぐ》り合ったと説かれる。この大通覆講の時に受けた下種を大通《だいつう》下種という。

〈注12〉【久遠実成《くおんじつじょう》】法華経如来寿量品《にょらいじゅりょうほん》第十六で説かれる。釈尊《しゃくそん》が五百塵点劫《ごひゃくじんてんごう》という非常に遠い過去（久遠）に成仏《じょうぶつ》していたこと。釈尊は久遠の昔からこの娑婆世界《しゃばせかい》で多くの衆生《しゅじょう》を説《せっ》法教化《ぽうきょうけ》してきたとしており、これを久遠下種《くおんげしゅ》という。

〈注13〉【大日経《だいにちきょう》】大毘盧遮那成仏神変加持経《だいびるしゃなじょうぶつじんべんかじきょう》のこと。中国・唐《とう》の善無畏《ぜんむい》・一行《いちぎょう》の共訳。七巻。最初のまとまった密教経典《みっきょうきょうてん》であり、曼荼羅《まんだら》（胎蔵曼荼羅《たいぞう》）の作成法やそれに基《もと》づく修行法などを説く。密教は、インドにおける大乗仏教《だいじょうぶっきょう》の展開の最後に出現したもので、神秘的《しんぴてき》な儀礼《ぎれい》や象徴《しょうちょう》を活用して修行の促進《そくしん》や現世利益《げんぜりやく》の成就《じょうじゅ》を図《はか》る仏教をいう。

〈注14〉過去に下種《げしゅ》・結縁《けちえん》がなく、しかも方便《ほうべん》の教えである権大乗《ごんだいじょう》・小乗《しょうじょう》の教えに執着《しゅうちゃく》する者は、下種を受けることがないので、当然、覚《さと》りを得て得脱《とくだつ》することなどないのである。

さらに、信じないだけでなく、真実の教えである法華経を自身の執着《しゅうちゃく》する方便《ほうべん》の教えより見下し誹謗《ひぼう》するという「謗法《ほうぼう》」を犯《おか》す者は、得脱《とくだつ》しないのはいうまでもない。諸宗《しょしゅう》の学者たちがこれに当たるのであるが、この「謗法」の問題については、「開目抄《かいもくしょう》」で詳しく述《の》べられていて、本抄では省略《しょうりゃく》されている。

〈注15〉**【竜火《りゅうか》は水から出現し、竜水《りゅうすい》は火から生じる】**竜は、もとはインドの想像上の生き物ナーガに由来《ゆらい》する。ナーガはコブラなどの蛇《へび》を神格化《しんかくか》したもので、水の中に住み、雨を降《ふ》らす力《ちから》があるとされる。

竜火・竜水については詳細は不明であるが、『摩訶止観《まかしかん》』巻六の下には「水、火を生《しょう》ぜば、水の滅《めっ》すること能《あた》わず、還《かえ》って火を用《も》って滅するが如《ごと》し」との文《もん》がある。これを注釈《ちゅうしゃく》して、『止観輔行伝弘決《しかんぶぎょうでんぐけつ》』巻六の三に「雲の中に火を起こすは、竜の力《ちから》を以《もっ》ての故《ゆえ》に、水、滅すること能《あた》わず」とある。

〈注16〉**【納得《なっとく》できなくとも、直接《ちょくせつ》見て確《たし》かめれば、これを信用する】**道理を聞いて智慧《ちえ》で理解して信じるのは、末法《まっぽう》の智慧のない凡夫《ぼんぷ》には不可能であるから、現実に存在する証拠《しょうこ》を見て信じるように促《うなが》されているのである。

〈注17〉**【尭《ぎょう》や舜《しゅん》】** ともに古代中国の伝説上の帝王《ていおう》で、善政《ぜんせい》を行った名君《めいくん》として伝えられる。

〈注18〉**【不軽菩薩《ふきょうぼさつ》】** 法華経常不軽菩薩品《じょうふきょうぼさつほん》第二十に説かれる菩薩で、釈尊《しゃくそん》の過去世の姿《すがた》。威音王仏《いおんのうぶつ》の滅後《めつご》、像法《ぞうほう》時代に出現し、悪口罵詈《あっくめり》・杖木瓦石《じょうもくがしゃく》の迫害に遭《あ》いながらも、会う人ごとに「二十四字の法華経」を説いて、成仏《じょうぶつ》を予言（授記《じゅき》）し礼拝《らいはい》をした。この行為から、ここでは不軽菩薩が万人に仏界《ぶっかい》がそなわっていることを見ていたと述《の》べられている。

第6段　受持即観心《じゅじそくかんじん》を明かす

（新一二九㌻四行目～一三五㌻十七行目）
（全二四二㌻十四行目～二四七㌻八行目）

第11章　教主《きょうしゅ》に関して尋《たず》ねる

（新一二九㌻四行目～一三〇㌻七行目）
（全二四二㌻十四行目～二四三㌻十行目）

問う。教主である釈尊《しゃくそん》は「これより以下の内容は軽々しく他言《たごん》してはならない」三《さん》惑《わく》〈注1〉すべてをすでに断《だん》じ尽《つ》くした仏である。また、十方《じっぽう》の世界の国主であり、あらゆる菩薩《ぼさつ》・二乗《にじょう》・人《にん》・天《てん》などの主君である。どこかにお出ましになる時は、梵天《ぼんてん》が左に、帝釈天《たいしゃくてん》〈注2〉が右に従《したが》い、出家《しゅっけ》・在家《ざいけ》の男女やさまざまな鬼神《きじん》たち〈注3〉が後に続き、金剛力士《こんごうりきし》〈注4〉が先導《せんどう》する。そして、八万法蔵《はちまんほうぞう》と称《しょう》される無数の教え〈注5〉を説《と》いてあらゆる衆生《しゅじょう》を苦悩《くのう》から救《すく》う。このような仏が、どうして私たち凡夫《ぼんぷ》のこの心にお住まいになることがあるだろうか。

また迹門《しゃくもん》や爾前経《にぜんきょう》の立場で論ずれば、教主である釈尊《しゃくそん》は始成正覚《しじょうしょうがく》の仏である。仏になった因《いん》である過去世における菩薩《ぼさつ》としての修行を調べてみると、ある時は能施太子《のうせたいし》〈注6〉として万民《ばんみん》に施《ほどこ》しを与《あた》え、ある時は儒童菩薩《じゅどうぼさつ》〈注7〉として仏に供養《くよう》し、ある時は尸毘王《しびおう》〈注8〉として鳩《はと》を救《すく》うためにわが身を鷹《たか》に与え、ある時は薩埵王子《さったおうじ》〈注9〉としてわが身を飢《う》えた虎《とら》にささげたのである。このような修行を、三阿僧祇《さんあそうぎ》・百大劫《ひゃくだいこう》〈注10〉、あるいは動逾塵劫《どうゆじんごう》〈注11〉、あるいは無量阿僧祇劫《むりょうあそうぎこう》〈注12〉、あるいは覚《さと》りを得ようと初めて決意して以来の期間、あるいは三千塵点劫《さんぜんじんてんごう》〈注13〉などという長遠《ちょうおん》な期間にわたり、七万五千、七万六千、七万七千などの仏を供養し、時間を積《つ》み重《かさ》ね、修行を全《まっと》うして、ついに今、教主である釈尊となられたのである。このような成仏《じょうぶつ》の因を積む菩薩の種々の修行は、皆《みな》、私たちのこの心に具《そな》わる菩薩界《ぼさつかい》が成《な》し遂《と》げた善行《ぜんぎょう》だというのか。

また、成仏《じょうぶつ》した結果として得られた境地《きょうち》から（仏の偉大《いだい》さを）論ずれば、教主である釈尊《しゃくそん》は始成正覚《しじょうしょうがく》の仏として、四十余年《しじゅうよねん》の間、蔵《ぞう》・通《つう》・別《べつ》・円《えん》の四教《しきょう》〈注14〉を説《と》くにあたり、それぞれの教えに応《おう》じた仏身《ぶっしん》を現《あらわ》し、爾前経《にぜんきょう》（法華経より前に説かれた諸経《しょきょう》）・法華経迹門《しゃくもん》・涅槃経《ねはんぎょう》〈注15〉などを説いて、あらゆる衆生《しゅじょう》に利益《りやく》を与《あた》えたのである。

すなわち、華厳経《けごんぎょう》で華蔵世界《けぞうせかい》〈注16〉が説《と》かれた時には十方《じっぽう》の蓮華《れんげ》の上に分身《ふんじん》の仏を現《あらわ》す盧舎那仏《るしゃなぶつ》〈注17〉として、阿含経《あごんぎょう》〈注18〉の時には三十四の智慧《ちえ》で煩悩《ぼんのう》を断《だん》じて成道《じょうどう》した仏〈注19〉として、方等部《ほうどうぶ》の経や般若経《はんにゃきょう》の時には千仏《せんぶつ》〈注20〉などとして、また大日経《だいにちきょう》・金剛頂経《こんごうちょうきょう》〈注21〉などの時には千二百余尊《よそん》〈注22〉として現れ、法華経迹門《しゃくもん》の宝塔品《ほうとうほん》では四土《しど》〈注23〉の仏身《ぶっしん》を現した。また涅槃経《ねはんぎょう》〈注24〉の時は、一丈六尺《じょうしゃく》の身〈注25〉として現れたり、小身《しょうしん》・大身《たいしん》として現れたり、盧舎那仏として現れたり、また虚空《こくう》と同じ大きさの仏として現れたりした。このように釈尊《しゃくそん》は、劣応身《れつおうじん》・勝応身《しょうおうじん》・報身《ほうしん》・法身《ほっしん》の四種の身〈注26〉を示《しめ》された。さらに、八十歳《さい》でお亡《な》くなりになった後も、自身の遺骨《いこつ》を留《とど》め置《お》いて正法《しょうほう》・像《ぞう》法《ほう》・末法《まっぽう》の時代の衆生《しゅじょう》に利益《りやく》を与《あた》えたのである。

次に法華経本門《ほんもん》によって、人界《にんかい》に仏界《ぶっかい》がそなわることを疑《うたが》えば、教主である釈尊《しゃくそん》は五百塵点劫《ごひゃくじんてんごう》というはるか遠い昔よりも前に成仏《じょうぶつ》した仏である。成仏の因《いん》である修行をしていたのもまた同様に遠い昔のことである。それ以来、十方《じっぽう》の世界に分身《ふんじん》の仏を現《あらわ》し、生涯《しょうがい》にわたって尊《とうと》い教えを説《と》き、無数の衆生《しゅじょう》を教え導《みちび》いてこられた。本門の釈尊から教えを受けた衆生の数を、迹門《しゃくもん》の釈尊から教えを受けた衆生の数と比較《ひかく》すれば、一滴《いってき》の水と大海《たいかい》、一粒《ひとつぶ》の塵《ちり》と大山《たいざん》ほどの違《ちが》いがある。本門に出現した地涌《じゆ》の菩薩《ぼさつ》の一人を、迹門に登場した十方の世界の文《もん》殊《じゅ》・観音《かんのん》〈注27〉らの菩薩と対比《たいひ》すれば、猿《さる》と帝釈天《たいしゃくてん》とを比《くら》べることよりも、もっと大きな違いがある。

そのほかにも、十方《じっぽう》の世界の中の、煩悩《ぼんのう》を断《だん》じて聖者《せいじゃ》となった二乗《にじょう》、梵天《ぼんてん》・帝釈天《たいしゃくてん》・日天《にってん》・月天《がってん》〈注28〉・四天王《してんのう》〈注29〉、四種の転輪聖王《てんりんじょうおう》〈注30〉から無間地《むけんじ》獄《ごく》の大火炎《だいかえん》に至《いた》るまでの十界《じっかい》が、皆《みな》、私たちの一念《いちねん》にそなわる十界なのか、この心の中にそなわる三千種の世間《せけん》であるのか。仏の説《と》いたことであっても、このことは信じることができない。

◇注　解◇

〈注1〉**【三惑《さんわく》】**　天台大師智顗《てんだいだいしちぎ》があらゆる惑（煩悩《ぼんのう》・迷《まよ》い）を三つにわけたもの。見思惑《けんじわく》・塵沙惑《じんじゃわく》・無明惑《むみょうわく》のこと。①見思惑は、見惑《けんわく》と思惑《しわく》のこと。見惑とは、偏《かたよ》った誤《あやま》った見識《けんしき》・思考にかかわる煩悩で、思惑とは感情にかかわる煩悩。②塵沙惑は、菩薩《ぼさつ》が人々を教え導《みちび》くのに障害《しょうがい》となる無数の煩悩。③無明惑は、仏法の根本の真理に暗い根源的な無知。

〈注2〉**【帝釈天《たいしゃくてん》】**　古代インドの神話において、雷神《らいじん》で天帝《てんてい》とされるインドラのこと。帝釈天は「天帝である釈（シャクラ）という神」の意。仏教に取り入れられ、梵天《ぼんてん》とともに仏法を守護《しゅご》する諸天善神《しょてんぜんじん》とされる。

〈注3〉**【鬼神《きじん》たち】**　超人的な働《はたら》きをするもの。仏道修行者を守護《しゅご》する働き（善鬼神《ぜんきじん》）や、生命をむしばむ働き（悪鬼神《あっきじん》）に大別《たいべつ》される。

〈注4〉**【金剛力士《こんごうりきし》】**　堅固《けんご》で壊《こわ》すことができない金剛杵《こんごうしょ》をもって仏法を守護《しゅご》する神。

〈注5〉**【八万法蔵《はちまんほうぞう》と称《しょう》される無数の教え】**　釈尊《しゃくそん》が一代で説いたすべての教えのこと。「八万」とは実際の数ではなく、多数であることを意味する。

〈注6〉**【能施太子《のうせたいし》】**　釈尊《しゃくそん》が過去世に修行していた時の名。自《みずか》らを能施（布施行《ふせぎょう》を行う者）と称《しょう》した大国の太子が、あらゆる人々の苦悩《くのう》を布施によって救《すく》おうとし、如意宝珠《にょいほうしゅ》（意のままに宝を出す珠《たま》）を求《もと》めて竜王《りゅうおう》から授《さず》かった。その宝珠のもとであらゆる人を得脱《とくだつ》させようと誓願《せいがん》を立てることで一切《いっさい》の宝物《ほうもつ》・衣服《えぶく》・飲食《おんじき》などをふらして、命が尽《つ》きるまで布施を続けたという。

この能施太子《のうせたいし》から薩埵王子《さったおうじ》（〈注9〉を参照）まで、釈尊《しゃくそん》が過去世に菩薩《ぼさつ》として修行していた時の物語は、本生譚《ほんじょうたん》（ジャータカ）と呼ばれる経典群に記されていて、中国・日本でも民間に広く伝承《でんしょう》された。今世《こんぜ》に釈尊として生まれることができたのは、この本生譚で説かれているような種々の善行《ぜんぎょう》によるとされる。

〈注7〉【儒童菩薩《じゅどうぼさつ》】釈尊《しゃくそん》が過去世に修行していた時の名。定光如来《じょうこうにょらい》のもとで修行中、五本の蓮華《れんげ》を五百の銀銭《ぎんせん》で買い取って如来の前に散《ち》らし、自《みずか》ら髪《かみ》を土の上に敷《し》き、如来を供養《くよう》したという。

〈注8〉【尸毘王《しびおう》】釈尊《しゃくそん》が過去世に王として修行していた時の名。鷹《たか》に追われた鳩《はと》を救《すく》うため、自分の肉を切り取って鷹に与《あた》えたという。鳩も鷹も、それぞれ毘沙門天《びしゃもんてん》と帝釈天《たいしゃくてん》が尸毘王の求道心《きゅうどうしん》を試《ため》そうとして現《あらわ》した仮《かり》の姿《すがた》であった。檀波羅蜜《だんはらみつ》（布施《ふせ》）を説く仏教説話として有名。

〈注9〉【薩埵王子《さったおうじ》】釈尊《しゃくそん》が過去世に王子として修行していた時の名。飢《う》えに苦しんでいた虎《とら》を哀《あわ》れみ、自分の身を与《あた》えて虎を助けたという。この行為は「捨身飼虎《しゃしんしこ》」と呼ばれ、捨身供養《くよう》の仏教説話として有名。

〈注10〉【三阿僧祇《さんあそうぎ》・百大劫《ひゃくだいこう》】御書本文は「三祇百劫《さんぎひゃっこう》」（新一二九ページ・全二四二ページ）。蔵教《ぞうきょう》（小乗《しょうじょう》教《きょう》）では、菩薩《ぼさつ》が修行を完成させるまでに、三阿僧祇劫・百大劫という極《きわ》めて長い期間を経《へ》たとする。「阿僧祇」とは、サンスクリットのアサンキヤの音写で、数えられないほど大きな数の意。「劫」は、サンスクリットのカルパの音写で、極めて長大な時間を示す単位。「大劫」とは、全宇宙が生成し消滅《しょうめつ》するまでの期間であるが、諸説ある。

〈注11〉【動逾塵劫《どうゆじんごう》】通教《つうぎょう》の菩薩《ぼさつ》が修行を完成させるまでに経《へ》る期間。「動《やや》もすれば塵劫を逾《こ》ゆ」と読む。「塵劫」とは塵点劫《じんてんごう》の略で、微塵《みじん》のように多くの期間。この塵劫をややもすれば超《こ》えるほどの長い期間を動逾塵劫という。

〈注12〉【無量阿僧祇劫《むりょうあそうぎこう》】無量は量《はか》ることができない、無限の意。ここでは別教《べっきょう》の菩薩《ぼさつ》が修行を完成させるまでに経《へ》る極めて長い期間をいう。

〈注13〉【三千塵点劫《さんぜんじんてんごう》】大通智勝仏《だいつうちしょうぶつ》の滅後《めつご》から釈尊在世《しゃくそんざいせ》に至《いた》るまでの時が長遠《ちょうおん》であることを表す語。法華経化城喩品《けじょうゆほん》第七において、釈尊が衆生《しゅじょう》との結縁《けちえん》を明かすなかで述《の》べられている。三千塵点劫とは、三千大千世界《さんぜんだいせんせかい》（一人の仏の教えが及《およ》ぶ範囲《はんい》とされる）の国土を粉々《こなごな》にすりつぶして塵《ちり》とし、千の国土を過《す》ぎるごとにその一塵《いちじん》を落としていって塵を下《お》ろし尽《つ》くし、その今度は一塵を下ろした国土も下ろさない国土も一緒《いっしょ》にしてまた粉々にすりつぶして、その一塵を一劫《いっこう》とし、その膨大《ぼうだい》な数えきれない劫以上の無量無辺の長い時間をいう。

〈注14〉【蔵《ぞう》・通《つう》・別《べつ》・円《えん》の四教《しきょう》】釈尊《しゃくそん》が一代で説いた教えを、天台大師《てんだいだいし》が内容にしたがって四種類に分類した「化法《けほう》の四教」のこと。①蔵教《ぞうきょう》は、主として二乗《にじょう》を対象とした経《きょう》・律《りつ》・論《ろん》の三蔵《さんぞう》の教え。②通教《つうぎょう》は、二乗と菩薩《ぼさつ》に通じる教え。③別教《べっきょう》は特別に菩薩のために明かされた教え。④円教《えんぎょう》は、仏の覚《さと》りを円満《えんまん》に（完全に）説いた教え。

〈注15〉**【涅槃経《ねはんぎょう》】** 大般涅槃経《だいはつねはんぎょう》の略。釈尊《しゃくそん》の臨終《りんじゅう》を舞台にした大乗経典《だいじょうきょうてん》。中国・北涼《ほくりょう》の曇無讖《どんむしん》訳の四十巻本（北本）と、北本をもとに宋《そう》の慧観《えかん》・慧厳《えごん》・謝霊運《しゃれいうん》らが改編《かいへん》した三十六巻本（南本）がある。釈尊滅後《めつご》の仏教教団の乱《みだ》れや正法《しょうほう》を誹謗《ひぼう》する者を予言するとともに、仏身《ぶっしん》が常住《じょうじゅう》で、あらゆる衆生《しゅじょう》に仏性《ぶっしょう》がある（一切衆生悉有仏性《いっさいしゅじょうしつうぶっしょう》）と説いている。天台《てんだい》教学では、法華経の利益《りやく》にもれた者を救《すく》う教えと位置づけられた。

〈注16〉**【華蔵世界《けぞうせかい》】** 蓮華《れんげ》蔵世界のこと。華厳経《けごんぎょう》に説かれる世界で、盧舎那仏《るしゃなぶつ》が菩薩《ぼさつ》だった過去に誓願《せいがん》と修行によって浄められた世界。

〈注17〉**【盧舎那仏《るしゃなぶつ》】** 盧舎那はサンスクリットのヴァイローチャナの音写で、明らかにする者、太陽の意。華厳経《けごんぎょう》で、釈尊《しゃくそん》はじめ諸仏《しょぶつ》の本体として示された仏身《ぶっしん》。この盧舎那仏から無数の分身《ふんじん》の諸仏が展開される。天台宗《てんだいしゅう》では報身如来《ほうしんにょらい》と位置づけられる。

〈注18〉**【阿含経《あごんぎょう》】** 阿含はサンスクリットのアーガマの音写で、伝承《でんしょう》された聖典《せいてん》の意。各部《かくぶ》派《は》が伝承した釈尊《しゃくそん》の教説のこと。歴史上の釈尊に比較的《ひかくてき》近い時代の伝承を伝えている。漢訳では長阿含《じょうあごん》・中《ちゅう》阿含・増一《ぞういち》阿含・雑《ぞう》阿含の四つがある。中国や日本では、大乗《だいじょう》との対比《たいひ》で、小乗《しょうじょう》の経典として位置づけられた。

〈注19〉**【三十四の智慧《ちえ》で煩悩《ぼんのう》を断《だん》じて成道《じょうどう》した仏】** 蔵教《ぞうきょう》では、菩薩《ぼさつ》は修行の最後に三十四の智慧（三十四心《さんじゅうししん》）で見思惑《けんじわく》を断じて成道するとされる。三十四心とは、八忍《はちにん》・八智《はっち》・九無礙《きゅうむげ》・九解脱《きゅうげだつ》のこと。

〈注20〉**【千仏《せんぶつ》】** 般若経《はんにゃきょう》では「空《くう》」の思想が明かされ、覚《さと》りの存在も自由自在に種々の様相となるとされ、千仏という種々の仏が説かれる。

〈注21〉**【金剛頂経《こんごうちょうきょう》】** 漢訳には、中国・唐《とう》の金剛智《こんごうち》が訳した金剛頂瑜伽中略出念誦経《こんごうちょうゆがちゅうりゃくしゅつねんじゅきょう》四巻と、不空《ふくう》が訳した金剛頂一切如来真実摂大乗現証大教王経《こんごうちょういっさいにょらいしんじつしょうだいじょうげんしょうだいきょうおうぎょう》三巻がある。金剛界を説いた経とされ、大日経《だいにちきょう》とともに密教《みっきょう》の根本聖典《こんぽんせいてん》とされる。金剛界三十七尊《さんじゅうしちそん》が明かされ、金剛界曼荼羅《まんだら》とその供養法《くようほう》などが説かれている。

〈注22〉**【千二百余尊《よそん》】** 数え方には諸説あるが、日蓮大聖人は、大日経《だいにちきょう》で説かれる胎蔵《たいぞう》に五百余尊、金剛頂経《こんごうちょうきょう》で説かれる金剛界に七百余尊があり、合わせて千二百余尊となると認識されていた。

〈注23〉**【四土《しど》】** 天台大師《てんだいだいし》が諸経典に説かれる国土を四つに分類したもの。①凡聖同居土《ぼんしょうどうごど》（人・天などの凡夫《ぼんぷ》も二乗《にじょう》・菩薩《ぼさつ》・仏の聖者《せいじゃ》も共に住む国土）②方便有余土《ほうべんうよど》（見思惑《けんじわく》を断じたが無《む》明惑《みょうわく》を残す二乗や菩薩が住む国土）③実報無障礙土《じっぽうむしょうげど》（無明惑を断じた菩薩が住む国土）④常寂光《じょうじゃっこう》土《ど》（仏が本来住む国土）の四土。それぞれの国土に応《おう》じて四種の仏身《ぶっしん》〈注26〉を参照）がそれぞれ出現する。

〈注24〉**【涅槃経《ねはんぎょう》】** この一節は像法決疑経《ぞうぼうけつぎきょう》の文《もん》である。天台宗《てんだいしゅう》では像法決疑経を大般涅槃経《だいはつねはんぎょう》の結経《けっきょう》としたので、ここでは「涅槃経」とされたと考えられる。

〈注25〉**【一丈《じょう》六尺《しゃく》の身】** 仏の劣応身《れつおうじん》（次注を参照）。一丈六尺は約四・八五メートル。

〈注26〉**【劣応身《れつおうじん》・勝応身《しょうおうじん》・報身《ほうしん》・法身《ほっしん》の四種の身】** 仏の身体（本体）を四つに分類したもの。①劣応身（生身《なまみ》の人間としての身体）②勝応身（衆生《しゅじょう》の願いに応《おう》じて救済《きゅうさい》のために現《あらわ》した身体）③報身（修行の報《むく》いとして得た特別な能力や特徴《とくちょう》をそなえた身体）④法身（仏が覚《さと》った真理そのもの）。

〈注27〉**【観音《かんのん》】** 観音菩薩《ぼさつ》のことで、詳しくは観世音《かんぜおん》菩薩という。観自在《かんじざい》菩薩ともいう。大《だい》乗仏教《じょうぶっきょう》を代表する菩薩の一人で、法華経観世音菩薩普門品《かんぜおんぼさつふもんぼん》第二十五などに説かれる。その名前を称《とな》える衆生《しゅじょう》の声を聞いて、あらゆる場所に現《あらわ》れ、さまざまな姿《すがた》を示して、その衆生を苦難から救《すく》うとされる。

〈注28〉**【日天《にってん》・月天《がってん》】** 古代インドの神話において、それぞれ太陽と月を神格化《しんかくか》したもの。仏教に取り入れられ、仏法を守護《しゅご》する諸天善神《しょてんぜんじん》とされる。

〈注29〉**【四天王《してんのう》】** 古代インドの世界観で、一つの世界の中心にある須弥山《しゅみせん》の中腹《ちゅうふく》の四方（四《し》王天《おうてん》）の主とされる四人の神々。持国天王《じこくてんのう》・増長《ぞうちょう》天王・広目《こうもく》天王・毘沙門《びしゃもん》天王（多聞《たもん》天王）の四王。仏教では仏法の守護神《しゅごしん》とされた。

〈注30〉**【転輪聖王《てんりんじょうおう》】** インドの理想的な帝王《ていおう》で、天から輪宝《りんぼう》という武器を授《さず》かり、国土を支配するとされる。その徳《とく》に応《おう》じて授かる輪宝に金・銀・銅・鉄の四種があり、支配する領域《りょういき》も異《こと》なるという。

第12章　経典・論書《ろんしょ》に関して尋《たず》ねる

（新一三〇ページ八行目～一三一ページ九行目）
（全二四三ページ十一行目～二四四ページ六行目）

以上のことから考えれば、爾前《にぜん》の諸経《しょきょう》に説《と》かれていることこそ事実であり、正しい説《せつ》である。

華厳経《けごんぎょう》〈注1〉には「仏は完全に虚妄《こもう》から離《はな》れ、煩悩《ぼんのう》の汚《けが》れがないことは虚空《こくう》のようである」とある。

仁王経《にんのうきょう》（仁王般若波羅蜜経《にんのうはんにゃはらみつきょう》）〈注2〉には「根源《こんげん》を窮《きわ》め、本性《ほんせい》を完全に発揮《はっき》して、深遠《しんえん》な智慧《ちえ》がある」とある。

金剛般若経《こんごうはんにゃきょう》〈注3〉には「仏には清浄《せいじょう》な善《ぜん》だけがある」とある。

馬鳴菩薩《めみょうぼさつ》〈注4〉の『大乗起信論《だいじょうきしんろん》』〈注5〉には「如来蔵《にょらいぞう》〈注6〉の中には清浄な功徳《くどく》だけがある」とある。

天親《てんじん》（世親《せしん》）菩薩《ぼさつ》〈注7〉の『成唯識論《じょうゆいしきろん》』〈注8〉には「（煩悩障《ぼんのうしょう》・所知障《しょちしょう》以外の）煩悩

のある状態《じょうたい》〈注9〉の種子《しゅし》と、清浄《せいじょう》ではあるが（仏に比べれば）劣《おと》った状態〈注10〉の種子については、（菩薩が修行を完成して）金剛《こんごう》に譬《たと》えられる禅定《ぜんじょう》〈注11〉が出現する時、それが完全に清浄な第八識《だいはっしき》〈注12〉を引き出す。その第八識は、そうした劣った状態の種子のよりどころとならないので、それら（劣った状態の種子）はすべて永久《えいきゅう》に捨《す》てられる」とある。

爾前《にぜん》の諸経《しょきょう》と法華経とを比較《ひかく》してみると、爾前の諸経は無数である。説《と》かれた期間は言うまでもなく長い。したがって、このように一人の仏が爾前経《にぜんきょう》と法華経で異《こと》なった二通りのことを述《の》べている場合、爾前経の説《せつ》に従《したが》うのがよい。

馬鳴菩薩《めみょうぼさつ》は釈尊《しゃくそん》の正統《せいとう》な継承者《けいしょうしゃ》〈注13〉の十一人目であり、仏の予言にもその出現が記されている。また天親《てんじん》菩薩は千部もの論を著《あらわ》した大学者であり、四依《しえ》の菩薩である。それにひきかえ天台大師《てんだいだいし》はインドから遠く離《はな》れた地の平凡《へいぼん》な僧《そう》であって、一つの論も述《の》べていない。誰《だれ》が信じるだろうか。

その上、多い方を捨《す》ててわずか八巻しかない法華経を用《もち》いるとしても、法華経の経文《きょうもん》に明らかに説《と》かれているなら少しは頼《たよ》りにもなるだろうが、法華経のどこに、十界互具《じっかいごぐ》・百界千如《ひゃっかいせんにょ》・一念三千《いちねんさんぜん》の明らかな証拠《しょうこ》となる文《もん》があるのか。

そこで法華経の文《もん》に目を通してみると、逆《ぎゃく》に「仏は諸法《しょほう》の中の悪を断《だん》じている」（方便品《ほうべんぼん》）とある。

天親菩薩《てんじんぼさつ》の『法華論《ほっけろん》』〈注14〉にも、堅慧菩薩《けんえ》〈注15〉の『宝性論《ほうしょうろん》』〈注16〉にも、十界互具《じっかいごぐ》はなく、中国の南北の大学者たち〈注17〉、また彼らを継承《けいしょう》する日本の南都七大寺《なんとしちだいじ》〈注18〉の僧《そう》たちの中にもこの教えはない。ただ天台《てんだい》一人の誤《あやま》った考えであり、伝教《でんぎょう》一人が誤《あやま》って伝《つた》えたのである。

故《ゆえ》に、清涼国師《しょうりょうこくし》（澄観《ちょうかん》）〈注19〉は「天台宗《てんだいしゅう》の誤りである」と言う。

また、慧苑法師《えおんほっし》〈注20〉は「しかし、天台は小乗《しょうじょう》を三蔵教《さんぞうきょう》と呼《よ》んで、その名を混乱《こんらん》させているからである」と言う。

了洪《りょうこう》〈注21〉は「天台《てんだい》は、華厳経《けごんぎょう》の真意だけは分かっていない」と言う。

得一《とくいつ》〈注22〉は「おい、智公《ちこう》（天台大師）よ、おまえは誰《だれ》の弟子か。三寸《ずん》より短い舌《した》で、仏の広く長い舌で説《と》かれた三時教判《さんじきょうはん》を謗《そし》るとは」と言う。

弘法大師《こうぼうだいし》（空海《くうかい》）〈注23〉は「中国の学者らは争《あらそ》って密教《みっきょう》に説かれる醍醐《だいご》〈注24〉を盗《ぬす》み、それぞれが自宗《じしゅう》を醍醐と名づけた」と言う。

一念三千《いちねんさんぜん》の法門は、釈尊一代《しゃくそんいちだい》の権教《ごんきょう》・実教《じっきょう》の両方にそうした名称《めいしょう》はなく、四依《しえ》である大学者たちもその教えを書き記していない。中国・日本の学者も用《もち》いていない。どうして信じることができるだろうか。

◇注　解◇

〈注1〉**【華厳経《けごんぎょう》】** ここで引用された「究竟《くきょう》して虚妄《こもう》を離《はな》れ、染無《ぜんな》きこと虚空《こくう》のごとし」（新一三〇㌻・全二四三㌻）に完全に一致《いっち》する文《もん》は、現在伝わる華厳経にないが、『法華玄義《ほっけげんぎ》』巻五下には「華厳云」として、同じ文が引用されている。また、仏駄跋陀羅《ぶっだばっだら》訳の華厳経には「究竟離虚妄」「無垢無所染　清浄如虚空」と、類似の文がある。

〈注2〉**【仁王経《にんのうきょう》】**（仁王般若波羅蜜経《にんのうはんにゃはらみつきょう》） 鳩摩羅什《くまらじゅう》訳。二巻。正法《しょうほう》が滅《めっ》して思想が乱《みだ》れる時、悪業《あくごう》のために受ける七難《しちなん》を示し、この災難《さいなん》を逃《のが》れるためには般若を受持《じゅじ》すべきであるとして菩薩《ぼさつ》の修行法を説いている。法華経・金光明経《こんこうみょうきょう》とともに護国三部経《ごこくさんぶきょう》とされる。仁王経《にんのうきょう》巻上（宋版磧砂大蔵経《そうばんせきしゃだいぞうきょう》）には「窮源盡性妙智存」とある。

〈注3〉**【金剛般若経《こんごうはんにゃきょう》】** 金剛般若波羅蜜経《こんごうはんにゃはらみつきょう》のこと。漢訳には六種あるが、鳩摩羅什《くまらじゅう》訳が広く用《もち》いられる。第10章〈注10〉を参照。ここで引用された「清浄《しょうじょう》の善《ぜん》のみ有り」（新一三〇㌻・全二四三㌻）という文《もん》は、現在伝わる金剛般若経《こんごうはんにゃきょう》にないが、日蓮大聖人が諸文献《しょぶんけん》の文を収録《しゅうろく》した「本理大綱集等要文《ほんりたいこうしゅうとうようもん》」（御書新版・御書全集ともに未収録）には、伝教大師最澄《でんぎょうだいしさいちょう》に帰せられている『本理大綱集《ほんりたいこうしゅう》』の文を記して「金剛般若中有清浄善云云」とある。

〈注4〉**【馬鳴菩薩《めみょうぼさつ》】** 馬鳴はサンスクリットのアシュヴァゴーシャの訳。二～三世紀ごろに活躍《かつやく》したインドの仏教思想家・詩人。釈尊《しゃくそん》の一生を美文で綴《つづ》った『仏所行讃《ぶっしょぎょうさん》』などの作品がある。付法蔵《ふほうぞう》の第十一とされる。

〈注5〉【『大乗起信論《だいじょうきしんろん》』】馬鳴《めみょう》著と伝えられるが諸説ある。大乗への信心を起こさせることを目的として、如来蔵《にょらいぞう》思想の立場から大乗仏教の教理と実践を要約した論書《ろんしょ》。ここで引用された「如来蔵の中に清浄《しょうじょう》の功徳《くどく》のみ有り」（新一三〇ジペー・全二四三ジペー）という文《もん》は、現在伝わる『大乗起信論』にないが、日蓮大聖人の「本理大綱集等要文《ほんりたいこうしゅうとうようもん》」には「大乗起信論中。如来蔵中有清浄功徳」とある。また、『大乗起信論』に「如来蔵には、本《もと》より已来《このかた》、唯過恒《ただかごう》沙等《じゃとう》の諸《もろもろ》の浄功徳《じょうくどく》のみの、真如《しんにょ》に離《はな》れず断《だん》ぜず異《こと》ならざる義《ぎ》あるが故《ゆえ》なるを以《もっ》てす」とある。

〈注6〉【如来蔵《にょらいぞう》】如来の胎児《たいじ》の意。一切衆生《いっさいしゅじょう》にそなわっている如来（仏）になる可能性のこと。仏性《ぶっしょう》と同じとされる。

〈注7〉【天親《てんじん》（世親《せしん》）菩薩《ぼさつ》】天親はサンスクリットのヴァスバンドゥの訳。新訳で「世親」、旧訳《くやく》で「天親」という。四～五世紀ごろのインドの仏教思想家。無著《むじゃく》の弟で、唯識《ゆいしき》思想（実在するのは認識主体《にんしきしゅたい》の識《しき》だけであって、外界《がいかい》は心に立ち現《あらわ》れているだけで実在しないという思想）を大成《たいせい》した。主著に『倶舎論《くしゃろん》』『唯識三十論頌《ゆいしきさんじゅうろんじゅ》』など。

〈注8〉【『成唯識論《じょうゆいしきろん》』】御書本文は「天親菩薩《てんじんぼさつ》、唯識論」（新一三〇ジペー・全二四三ジペー）。ここで引用されている文《もん》は『成唯識論』の文である。『成唯識論』は、世親《せしん》の『唯識三十論頌《ゆいしきさんじゅうろんじゅ》』について護法《ごほう》（ダルマパーラ）らが注釈《ちゅうしゃく》したものを、玄奘《げんじょう》が漢訳した際に一書にまとめたもの。そのため、ここでは天親菩薩の言葉として引用されたと考えられる。なお、日蓮大聖人の「本理大綱集等要文《ほんりたいこうしゅうとうようもん》」に「唯識論十云。謂余〔有〕漏無漏種。金剛喩定現在前時。引極円明純浄本識。非彼依故」とある。

〈注9〉【(煩悩障《ぼんのうしょう》・所知障《しょちしょう》以外の) 煩悩のある状態《じょうたい》】御書本文は「余《よ》の有漏《うろ》」（新一三〇㌻・全二四三㌻）。煩悩障や所知障（智慧《ちえ》を妨《さまた》げる障害《しょうがい》）を断《だん》じてもなお残っている煩悩に汚《けが》された状態《じょうたい》。

〈注10〉【清浄《せいじょう》ではあるが（仏に比べれば）劣《おと》った状態】御書本文は「劣《れつ》の無漏《むろ》」（新一三〇㌻・全二四三㌻）。煩悩《ぼんのう》に汚《けが》されていない、仏以外の二乗《にじょう》・菩薩《ぼさつ》の境涯《きょうがい》。

〈注11〉【金剛《こんごう》に譬《たと》えられる禅定《ぜんじょう》】御書本文は「金剛喩定《こんごうゆじょう》」（新一三〇㌻・全二四三㌻）。金剛に譬えられるほど堅固不動《けんごふどう》で、一切《いっさい》の煩悩《ぼんのう》を断《だん》じる禅定。菩薩《ぼさつ》が五十二位《ごじゅうにい》の修行のうち第《だい》十地《じゅうじ》で起こすとされる。

〈注12〉【第八識《だいはっしき》】唯識《ゆいしき》思想では人間の心を分析《ぶんせき》し八識に分けるが、もっとも深層《しんそう》にある第八識は阿頼耶識《あらやしき》と呼ばれる。阿頼耶とはサンスクリットのアーラヤの音写で、「在《あ》りか」の意。「蔵《ぞう》」と漢訳される。過去の業《ごう》の影響力《えいきょうりょく》を種《たね》のように蓄《たくわ》え、自己の心身や自然界を生み出す根源的な心とされる。

〈注13〉【正統《せいとう》な継承者《けいしょうしゃ》】御書本文は「付法蔵《ふほうぞう》」（新一三〇㌻・全二四三㌻）。付法蔵とは、釈《しゃく》尊《そん》から付嘱《ふぞく》された教え（法蔵）を次々に付嘱し、布教していった正法《しょうほう》時代の正統な継承者とされる人たち。『付法蔵因縁伝《ふほうぞういんねんでん》』では二十三人とするが、『摩訶止観《まかしかん》』では阿難《あなん》から傍出《ぼうしゅつ》した末田地《までんち》を加えて二十四人ともする。

〈注14〉【『法華論《ほっけろん》』】『妙法蓮華経憂波提舎《みょうほうれんげきょううばだいしゃ》』の略。世親《せしん》の著作。インドにおける法華経の注《ちゅう》釈書《しゃくしょ》として唯一現存《ゆいいつげんそん》する。

〈注15〉【堅慧菩薩《けんえぼさつ》】堅慧はサンスクリットのサーラマティの訳。釈尊滅後《しゃくそんめつご》七百年ごろのインドの学者で、『大乗法界無差別論《だいじょうほっかいむしゃべつろん》』『宝性論《ほうしょうろん》』などを著し、大乗を宣揚《せんよう》したとされる。

〈注16〉【『宝性論《ほうしょうろん》』】『究竟一乗宝性論《くきょういちじょうほうしょうろん》』のこと。一乗・仏性《ぶっしょう》について論じられている。漢訳では、著者は堅慧《けんえ》（サーラマティ）とされる。

〈注17〉【中国の南北の大学者たち】中国・南北朝《なんぼくちょう》時代における仏教の十人の学者を指す。長江《ちょうこう》（揚子江《ようすこう》）流域の南地に三師、黄河《こうが》流域の北地に七師がいたので、「南三北七《なんさんほくしち》」と呼ばれる。十師はそれぞれ依《よ》って立つ経論《きょうろん》を掲《かか》げ、それを宣揚《せんよう》する教判《きょうはん》を立て、優劣《ゆうれつ》を競《きそ》っていた。その全体的な傾向《けいこう》を、日蓮大聖人は「撰時抄《せんじしょう》」で「しかれども大綱《たいこう》は一同なり。いわゆる『一代聖教《いちだいしょうぎょう》の中には華厳経《けごんぎょう》第一、涅槃経《ねはんぎょう》第二、法華経第三なり……』」（新一六八ジペー・全二六一ジペー）とされている。天台大師智顗《てんだいだいしちぎ》はこれら南三北七の主張を批判し、五時《ごじ》の教判《きょうはん》を立て、法華経の正義を宣揚した。

〈注18〉【南都七大寺《なんとしちだいじ》】奈良《なら》（南都）の中心的な七つの寺。諸説あるが、一般には、東大寺《とうだいじ》・

興福寺《こうふくじ》・元興寺《がんごうじ》・大安寺《だいあんじ》・薬師寺《やくしじ》・西大寺《さいだいじ》・法隆寺《ほうりゅうじ》の七カ寺を指す。これらの寺は、奈良時代までに伝わり国家に公認《こうにん》されていた仏教学派（南都六宗《なんとろくしゅう》）を研究する中心だった。

〈注19〉【清涼国師《しょうりょうこくし》（澄観《ちょうかん》）】七三八年～八三九年。中国・唐《とう》の僧で、華厳宗《けごんしゅう》の第四祖に位置づけられる。五台山清涼寺《ごだいさんしょうりょうじ》に住んだことから、清涼国師と呼ばれた。実叉難陀《じっしゃなんだ》が訳した八十巻の華厳経《けごんぎょう》を研究し、『華厳経疏《けごんぎょうしょ》』『華厳経随疏演義抄《けごんぎょうずいしょえんぎしょう》』などを著した。

〈注20〉【慧苑法師《えおんほっし》】六七三年？～七四三年？ 中国・唐《とう》の華厳宗《けごんしゅう》の僧。華厳宗第三祖・法蔵《ほうぞう》の弟子。

〈注21〉【了洪《りょうこう》】日本の華厳宗《けごんしゅう》の僧とされるが、詳細は不明。

〈注22〉【得一《とくいつ》】生没年不詳。平安初期の法相宗《ほっそうしゅう》の僧。徳一《とくいつ》、徳溢《とくいつ》とも書く。会津《あいづ》の慧日寺《えにちじ》に居住した。法華経に基《もと》づき一乗《いちじょう》思想を宣揚《せんよう》した伝教大師《でんぎょうだいし》と論争《ろんそう》した。

〈注23〉【弘法大師《こうぼうだいし》（空海《くうかい》）】七七四年～八三五年。平安初期の僧で、真言宗《しんごんしゅう》の開祖。唐《とう》で密教《みっきょう》を学び、帰国後、大日経《だいにちきょう》と金剛頂経《こんごうちょうきょう》を根本とする真言宗の教団の基礎《きそ》を築《きず》いた。高野山《こうやさん》に金剛峯寺《こんごうぶじ》を開創するとともに、京都の東寺《とうじ》（教王護国寺《きょうおうごこくじ》）を嵯峨天皇《さがてんのう》より与《あた》えられた。

〈注24〉【醍醐《だいご》】釈尊《しゃくそん》の教えの高低浅深《こうていせんじん》を、牛乳を精製《せいせい》する五つの過程の味に譬《たと》えて分類したものを五味《ごみ》というが、醍醐はその中で最高に位置する。五味は、①乳味《にゅうみ》（牛乳そのもの）②酪味《らくみ》（発酵乳《はっこうにゅう》、ヨーグルトの類《たぐ》い）③生蘇味《しょうそみ》（サワークリームの類い）④熟蘇味《じゅくそみ》（発酵《はっこう》バターの類い）⑤醍醐味《だいごみ》（バターオイルの類い）。

第13章　経典・論書《ろんしょ》に関する難問《なんもん》に答える

（新一三一ページ十行目～一三二ページ六行目）
（全二四四ページ七行目～十七行目）

答える。今のあなたの質問《しつもん》は最大の難問《なんもん》である。

しかし、爾前経《にぜんきょう》と法華経の相違《そうい》については、経文《きょうもん》自体に説《と》かれる内容によって明らかである〈注1〉。「まだ真実を顕《あらわ》していないか、すでに顕したか」〈注2〉、「多宝如来《たほうにょらい》、十方《じっぽう》の世界の分身《ふんじん》の仏たちによる保証《ほしょう》なのか、阿弥陀経《あみだきょう》の『舌相《ぜっそう》』程度《ていど》の保証か」〈注3〉、「二乗《にじょう》の成仏《じょうぶつ》を説いているか、説いていないか」〈注4〉、「始成正覚《しじょうしょうがく》の立場にとどまるか、久遠実成《くおんじつじょう》を明かしているか」〈注5〉。これらの違《ちが》いが、爾前経と法華経の相違を明らかにしている。

四依《しえ》である大学者たちが一念三千《いちねんさんぜん》を説《と》かなかったことについて〈注6〉、天台《てんだい》大師《だいし》は、「天親《てんじん》や竜樹《りゅうじゅ》〈注7〉は内心には一念三千を明らかに覚《さと》っていたが、外に対しては時代に適《てき》した教えを説こうとして、自分の立場をそれに合わせた。

ところが中国の学者らはそれに基《もと》づいて偏《かたよ》った解釈《かいしゃく》を行い、その弟子らは、それらを無批判《むひはん》に信じて執着《しゅうちゃく》したため、ついに論戦《ろんせん》を起こし、各派《かくは》は自己《じこ》の偏頗《へんぱ》な主張《しゅちょう》にとらわれて、まったく仏の正しい道に背《そむ》いてしまった」（『摩訶止観《まかしかん》』）と言っている。

章安大師《しょうあんだいし》は、「インドの優《すぐ》れた論書《ろんしょ》ですら、天台大師《てんだいだいし》の比《ひ》ではない。中国の学者などについて、どうして手間をかけて語る必要があるだろうか。これは誇張《こちょう》して言うのではない。天台大師の教えの内容それ自体が、そうなのである」（『法華玄義《ほっけげんぎ》』）と言っている。

天親《てんじん》・竜樹《りゅうじゅ》・馬鳴《めみょう》・堅慧《けんえ》らの大学者は内心では一念三千《いちねんさんぜん》を明らかに覚《さと》っていた。しかし、説《と》くのにふさわしい時がまだ来ていなかったので、これを広く説かなかったのだろうか。

中国の学者たちについては、天台《てんだい》以前は、一念三千《いちねんさんぜん》という宝玉《ほうぎょく》を心に秘《ひ》めていた者もあり、あるいは、まったく知らなかった者もあった。天台以後の学者には、初め一念三千の説《せつ》を否定《ひてい》しようとして、かえって後に天台大師に屈服《くっぷく》した人もあった。あるいは、まったく用《もち》いようとしない者もあった。

しかし、あなたが先に挙《あ》げた「仏は諸法《しょほう》の中の悪を断《だん》じている」（方便品《ほうべんぼん》）という経文《きょうもん》については疑問《ぎもん》を解消《かいしょう》しなければならない。これは、法華経に爾前経《にぜんきょう》の趣旨《しゅし》を載《の》せた文《もん》である。直接《ちょくせつ》、経文を見てみなさい。経文には明らかに十界《じっかい》互具《ごぐ》が説《と》かれている。

すなわち「衆生《しゅじょう》に仏知見《ぶっちけん》を開かせようとする」（方便品《ほうべんぼん》）とある。

天台大師《てんだいだいし》はこの経文《きょうもん》を受けて次のように言っている。

「もし衆生《しゅじょう》に仏知見《ぶっちけん》がなければ、どうしてそれを開かせることが論じられるだろうか。仏知見が衆生に潜在《せんざい》しているということが分かるのである」（『法華玄《ほっけげん》義《ぎ》』）

章安大師《しょうあんだいし》も次のように言っている。

「衆生《しゅじょう》にもし仏知見《ぶっちけん》がなければ、どうしてそれを開かせ、悟《さと》らせることができるだろうか。もし貧《まず》しい女性の家に金が埋《う》まっていないなら、どうしてその金を示《しめ》すことができるだろうか〈注8〉」（『観心論疏《かんじんろんしょ》』）と。

◇注　解◇

〈注1〉これは、「教相《きょうそう》における難信難解《なんしんなんげ》」に関わる問いであり、「開目抄《かいもくしょう》」で詳しく述《の》べられている。それ故《ゆえ》、ここでは四つの項目だけが簡潔《かんけつ》に挙《あ》げられている。

〈注2〉**【「まだ真実を顕《あらわ》していないか、すでに顕したか」】** 釈尊《しゃくそん》自身が無量義経《むりょうぎきょう》において、爾前経《にぜんきょう》は「未《いま》だ真実を顕さず」（法華経二九㌻）と断《だん》じて、法華経こそ真実を顕した経であるとしている。

〈注3〉**【「多宝如来《たほうにょらい》、十方《じっぽう》の世界の分身《ふんじん》の仏たちによる保証《ほしょう》なのか、阿弥陀経《あみだきょう》の『舌相《ぜっそう》』程度《ていど》の保証か」】** 法華経の説法《せっぽう》に対し、多宝如来は「皆是《みなこ》れ真実なり」（法華経三七三～三七四㌻）と保証（証明《しょうめい》）し、十方の諸仏《しょぶつ》が舌相を示して保証した。阿弥陀経では、東西南北上下の六方のそれぞれに、無数の諸仏がおり、その諸仏が皆それぞれの国で三千世界《さんぜんせかい》を覆《おお》う広長舌《こうちょうぜつ》を出して、阿弥陀仏の不可思議《ふかしぎ》の功徳《くどく》を称賛《しょうさん》することが説かれている。しかし、法華経のように十方の世界の仏たちが直接、会座《えざ》に集まって舌相を示したわけではない。

〈注4〉**【「二乗《にじょう》の成仏《じょうぶつ》を説いているか、説いていないか」】** 爾前経《にぜんきょう》では二乗は成仏できないとしている。法華経では二乗を含《ふく》めてすべての人の成仏を説く。

〈注5〉**【「始成正覚《しじょうしょうがく》の立場にとどまるか、久遠実成《くおんじつじょう》を明かしているか」】** 爾前経《にぜんきょう》や法華経迹《しゃく》門《もん》までは、釈尊《しゃくそん》は今世《こんぜ》で初めて成仏《じょうぶつ》したという始成正覚の立場にとどまる。対して法華経本門《ほんもん》では、久遠実成、すなわち釈尊は久遠の昔から成仏していたという本来の真実の境地《きょうち》が明かされる。

〈注6〉これも「開目抄《かいもくしょう》」で詳しく論じられているので、ここでは簡潔《かんけつ》に答えられている。

〈注7〉【竜樹《りゅうじゅ》】一五〇年〜二五〇年ごろ。サンスクリットのナーガールジュナの訳。インドの仏教思想家。新訳経典《しんやくきょうてん》では竜猛《りゅうみょう》と訳される。『中論《ちゅうろん》』などで、大乗仏教《だいじょうぶっきょう》の「空《くう》」の思想にもとづいて実在論を批判《ひはん》し、以後の仏教思想・インド思想に大きな影響《えいきょう》を与《あた》えた。付法蔵《ふほうぞう》の第十三とされる。

〈注8〉【貧《まず》しい女性の家に……示すことができるだろうか】涅槃経如来性品《ねはんぎょうにょらいしょうぼん》に説かれる譬《たと》えをふまえたもの。同品には、概要《がいよう》、次のように説かれている。

――貧《まず》しい女性の家に金が埋《う》められていたが、その家族は誰《だれ》もそのことを知らなかった。そこへある人がやって来て、家から金を掘《ほ》り出してみせた。それを見た貧しい女性は歓喜《かんき》して、この人を尊敬《そんけい》した。この譬《たと》えのように、一切衆生《いっさいしゅじょう》（＝貧しい女性）には仏性《ぶっしょう》（＝金）がある。しかし衆生は、煩悩《ぼんのう》に覆《おお》われているため、仏性を見ることができない。今、如来《にょらい》（＝やって来た人）はそのことを衆生に示す。

第14章　教主《きょうしゅ》の難問《なんもん》に答えるにあたり、まず難信難解《なんしんなんげ》を示す

（新一三二ページ七行目〜一三三ページ一行目）
（全二四四ページ十八行目〜二四五ページ八行目）

しかし、どうしても疑問《ぎもん》を解消《かいしょう》し難《がた》いのは、先の〝あれほど偉大《いだい》な教主である釈尊《しゃくそん》が凡夫《ぼんぷ》のこの心に住まわれるのか〟という大きな難問《なんもん》である。

仏はあらかじめこの疑《うたが》いを解消《かいしょう》するために、このように言われた。

「すでに説《と》いた諸経《しょきょう》、今説いている経、これから説こうとする経、これらのなかで、法華経は最も難信難解《なんしんなんげ》なのである」（法師品《ほっしほん》）

この後の宝塔品《ほうとうほん》にある「六難九易《ろくなんくい》」がこのことである。

天台大師《てんだいだいし》は、「法華経の本門《ほんもん》と迹門《しゃくもん》に説《と》かれていることは、ことごとくそれ以前の教えに反しているので、難信難解《なんしんなんげ》である。敵陣《てきじん》に正面から立ち向かうような難事《なんじ》〈注1〉なのである」（『法華文句《ほっけもんぐ》』）と言っている。

章安大師《しょうあんだいし》は、「仏は百界千如《ひゃっかいせんにょ》・十界互具《じっかいごぐ》を一大事《いちだいじ》とされた。どうして容易《ようい》に

（全245）

分かるはずがあるだろうか」（『観心論疏《かんじんろんしょ》』）と言っている。また、伝教《でんぎょう》大師は、「この法華経は最も難信難解《なんしんなんげ》である。なぜなら、仏が自《みずか》らの本意のままに説《と》いたもの〔随自意《ずいじい》〕であるからである」（『法華秀句《ほっけしゅうく》』）と言っている。

釈尊《しゃくそん》の存命中《ぞんめいちゅう》を起点として、亡《な》くなってから千八百年余《あま》りに至《いた》るまで、仏法はインド・中国・日本の三国に広まったが、ただ三人だけが、自《みずか》らこの正法《しょうほう》を覚《さと》ったのである。すなわちインドの釈尊、中国の天台大師《てんだいだいし》、日本の伝教《でんぎょう》大師である。この三人は、仏教の聖人《しょうにん》である〈注2〉。

問う。竜樹《りゅうじゅ》や天親《てんじん》らはどうなのか。

答える。これらの聖人《しょうにん》は心の中では知っていながら言わなかった人々である。あるいは迹門《しゃくもん》の教えはわずかながら説《と》いたが、本門《ほんもん》と観心《かんじん》の教えについては何も言わなかった。衆生《しゅじょう》の機根《きこん》はあっても説くのにふさわしい時が至《いた》っていなかったのか、あるいは機根も時も、ともになかったのだろうか。

天台《てんだい》・伝教《でんぎょう》以後、一念三千《いちねんさんぜん》を知る者は非常《ひじょう》に多い。それは、この二人の聖人《しょうにん》

（新133）

の智慧《ちえ》を用《もち》いたからである。すなわち、三論宗《さんろんしゅう》の嘉祥《かじょう》（吉蔵《きちぞう》）〈注3〉、南三北七《なんさんほくしち》〈注4〉の各学派《かくがくは》の百人余《あま》り、華厳宗《けごんしゅう》の法蔵《ほうぞう》〈注5〉・清涼《しょうりょう》（澄観《ちょうかん》）など、法相宗《ほっそうしゅう》の玄奘三蔵《げんじょうさんぞう》〈注6〉や慈恩大師《じおんだいし》（基《き》）〈注7〉など、真言宗《しんごんしゅう》の善無畏《ぜんむい》三蔵〈注8〉・金剛《こんごう》智《ち》三蔵〈注9〉・不空《ふくう》三蔵〈注10〉など、律宗《りっしゅう》の道宣《どうせん》〈注11〉などは、初めは一念三千の説《せつ》に反発していたが、後にはまったく屈服《くっぷく》したのだった〈注12〉。

◇注　解◇

〈注1〉**【敵陣《てきじん》に正面から立ち向かうような難事《なんじ》】** 御書本文は「鋒《ほこ》に当たる難事」（新一三三二㌻・全二四五㌻）。鋒は、戦場の最前線にあって攻撃の先鋒《せんぽう》を担《にな》うものであった。

〈注2〉本抄の直後、日蓮大聖人は、文永《ぶんえい》十年（一二七三年）閏《うるう》五月に著された「顕仏未来《けんぶつみらい》記《き》」で、この三人に御自身を加えられ「三国四師《さんごくしし》」（新六一二㌻・全五〇九㌻）と呼ばれている。

〈注3〉**【嘉祥《かじょう》（吉蔵《きちぞう》）】** 五四九年～六二三年。中国の隋《ずい》・唐《とう》の僧。三論《さんろん》教学を大成《たいせい》した。嘉《か》祥寺《じょうじ》に居住《きょじゅう》したので、嘉祥大師と称《しょう》された。主著に『三論玄義《さんろんげんぎ》』『法華義疏《ほっけぎしょ》』などがある。

〈注4〉**【南三北七《なんさんほくしち》】** 第12章〈注17〉を参照。

〈注5〉**【法蔵《ほうぞう》】** 六四三年～七一二年。中国・唐《とう》の僧。華厳宗《けごんしゅう》第三祖とされる。華厳教学の大成者《たいせいしゃ》。

〈注6〉**【玄奘三蔵《げんじょうさんぞう》】** 六〇二年～六六四年。生年には六〇〇年説など諸説がある。中国・唐《とう》の初期の僧。唯識《ゆいしき》思想を究《きわ》めようとインドへ経典を求めて旅し、多くの経典を伝えるとともに翻訳《ほんやく》を一新した。主著に旅行記『大唐西域記《だいとうさいいきき》』がある。弟子の基《き》（慈恩《じおん》）が立てた法《ほっ》相宗《そうしゅう》で祖とされる。

なお、「三蔵《さんぞう》」とは三蔵法師《さんぞうほうし》の略で、経《きょう》・律《りつ》・論《ろん》の三つ（三蔵）に通暁《つうぎょう》している法師を意味し、主に訳経僧《やっきょうそう》への尊称《そんしょう》として用《もち》いられる。

〈注7〉【慈恩大師《じおんだいし》（基《き》）】六三二年〜六八二年。中国・唐《とう》の僧。大乗基《だいじょうき》ともいう。玄奘《げんじょう》の弟子で、法相宗《ほっそうしゅう》の開創者。長安《ちょうあん》（現在の陝西省西安《せんせいしょうせいあん》）の大慈恩寺《だいじおんじ》に住んだので、慈恩大師と称《しょう》される。

〈注8〉【善無畏三蔵《ぜんむいさんぞう》】六三七年〜七三五年。東インドの王族出身の密教僧《みっきょうそう》。大日経《だいにちきょう》・蘇悉地経《そしつじきょう》などを訳し、中国に初めて体系的な密教をもたらした。

〈注9〉【金剛智三蔵《こんごうちさんぞう》】六七一年〜七四一年。中インドあるいは南インド出身の密教僧《みっきょうそう》。金《こん》剛頂経《ごうちょうきょう》（金剛頂瑜伽中略出念誦経《こんごうちょうゆがちゅうりゃくしゅつねんじゅきょう》）などを訳し、中国に初めて金剛頂経系統の密教をもたらした。

〈注10〉【不空三蔵《ふくうさんぞう》】七〇五年〜七七四年。北インド（一説にスリランカ）出身の密教僧《みっきょうそう》。金《こん》剛智《ごうち》の弟子。唐《とう》に渡り、金剛頂経《こんごうちょうきょう》など百部百四十三巻におよぶ多くの経典を訳した。

〈注11〉【道宣《どうせん》】五九六年〜六六七年。中国・唐《とう》の僧。律《りつ》に詳しく、南山律宗《なんざんりっしゅう》の祖とされる。日本に授戒制度《じゅかいせいど》をもたらした鑑真《がんじん》は、その孫《まご》弟子に当たる。

〈注12〉これらの人物の詳細については「開目抄《かいもくしょう》」で述《の》べられているので、ここでは簡潔《かんけつ》に記されている。いずれにせよ一念三千《いちねんさんぜん》の法門は、釈尊《しゃくそん》以後、正法《しょうほう》・像法《ぞうほう》の時代二千年にわたって、理解できた人はすぐれた智慧《ちえ》のある極《きわ》めて少数しかいなかった。それ故《ゆえ》、そのような智慧のない末法《まっぽう》の凡夫《ぼんぷ》には、当然、難信難解《なんしんなんげ》なのである。

第15章　教主《きょうしゅ》に関する難問《なんもん》に答える

（新一三三㌻二行目～一三四㌻十行目）
（全二四五㌻九行目～二四六㌻九行目）

では、あなたが初めに挙《あ》げた〝あれほど偉大《いだい》な教主である釈尊《しゃくそん》が凡夫《ぼんぷ》のこの心に住まわれるのか〟という最大の難問《なんもん》を解決《かいけつ》しよう。

無量義経《むりょうぎきょう》〈注1〉に次のようにある。

「譬《たと》えを挙《あ》げれば、国王と夫人《ふじん》の間に新たに王子が生まれたようなものである。一日、二日、七日が過《す》ぎ、一カ月、二カ月、七カ月が過ぎ、一歳《さい》、二歳、七歳になったとする。まだ国を治《おさ》める仕事ができないとしても、すでに家来や民衆《みんしゅう》に敬愛《けいあい》され、多くの大王の子どもが友となるだろう。王と夫人の愛情《あいじょう》はどこまでも深く、いつも王子のことを語り合うだろう。なぜなら、王子は幼《おさな》いからである。弟子たちよ、この経《きょう》を持《たも》つ者もまた同様である。諸仏《しょぶつ》という国王と、この経という夫人とが一つになって、この菩薩《ぼさつ》という子が生まれた。もしこの菩薩がこの経を聞くことがあって、一句《く》、一偈《げ》、あるいは一度、二度、十、百、千、万、無数の恒河沙《ごうがしゃ》（ガンジス川の砂の数）というように数え切れない回数にわたって読誦《どくじゅ》したなら、まだ真理の究極《きゅうきょく》を体得していないといっても〈中略〉すでに、出家《しゅっけ》・在家《ざいけ》の男女やさまざまな鬼神《きじん》たちに敬愛され、大菩薩たちが従者《じゅうしゃ》となるだろう。〈中略〉常《つね》に仏たちに守られ、どこまでも慈愛《じあい》によって覆《おお》われるだろう。なぜなら仏道修行《ぶつどうしゅぎょう》を始めたばかりの者だからである」〈注2〉

普賢経《ふげんぎょう》〈注3〉には次のようにある。

「この大乗経典《だいじょうきょうてん》はあらゆる仏の宝の蔵《くら》である。十方《じっぽう》・三世《さんぜ》のあらゆる仏の眼《まなこ》である。〈中略〉三世のあらゆる如来《にょらい》を生み出す種子《しゅし》である。〈中略〉あなたたちよ、この大乗の教えを修行しなさい。仏種《ぶっしゅ》を途絶《とだ》えさせてはならない」

また同じく普賢経《ふげんぎょう》にこうある。

「この大乗経典《だいじょうきょうてん》は、あらゆる仏の眼《まなこ》である。あらゆる仏は、これによって五《ご》眼《げん》〈注4〉を具《そな》えることができたのである。仏の法報応《ほっぽうおう》の三種の身〈注5〉は、この大乗経典から生ずる。この経は偉大《いだい》な法の印章《いんしょう》である。それによって涅槃《ねはん》の大海《たいかい》を印影《いんえい》として現《あらわ》し出すのである。この涅槃の大海には法報応という三種の清浄《せいじょう》な仏身《ぶっしん》を生じる力《ちから》がある。この三身《さんじん》は人界《にんかい》・天界《てんかい》の衆生《しゅじょう》に福徳《ふくとく》を与《あた》える田畑のようなものである」〈注6〉

よくよく考えてみれば、釈尊《しゃくそん》の一代《いちだい》の説法《せっぽう》の中に、顕教《けんきょう》・密教《みっきょう》〈注7〉、大《だい》乗《じょう》・小乗《しょうじょう》、華厳《けごん》・真言《しんごん》などの各宗がよりどころとする経典があるが、実際にこれらを見てみると、華厳経《けごんぎょう》で十方《じっぽう》の蓮華《れんげ》の上に分身《ふんじん》の仏を現《あらわ》す毘盧遮那仏《びるしゃなぶつ》〈注8〉、大集経《だいじっきょう》〈注9〉で雲のごとく集まった諸仏《しょぶつ》、般若経《はんにゃきょう》で現れた染法《ぜんぽう》と浄法《じょうほう》〈注10〉とが一体となった千仏《せんぶつ》、大日経《だいにちきょう》・金剛頂経《こんごうちょうきょう》などで説《と》かれる千二百余尊《よそん》などは、ただ始成正覚《しじょうしょうがく》の成仏《じょうぶつ》の因果《いんが》だけを説いて、久遠《くおん》の成仏の因果を顕《あらわ》してはいない。

また、たちまちに成仏《じょうぶつ》するということを説《と》いているといっても、三千塵点《さんぜんじんてん》劫《ごう》・五百塵点劫《ごひゃくじんてんごう》という久遠《くおん》の過去における教化《きょうけ》を見失《みうしな》い、釈尊《しゃくそん》の教化がいつから始まって、いつ終わるのかということが、まったく分からない。

さらに華厳経《けごんぎょう》・大日経《だいにちきょう》などについては、表面的に見れば、別教《べっきょう》・円教《えんぎょう》〈注11〉などや四蔵《しぞう》〈注12〉の教えに似《に》ているように見えるけれども、さらに立ち入って考えれば、蔵教《ぞうきょう》・通教《つうぎょう》〈注13〉の二教と同じであり、別教・円教にも及《およ》ばない。衆生《しゅじょう》に本来そなわっている三因仏性《さんいんぶっしょう》が説《と》かれていない。何を仏の種子《しゅし》と定めるのか。

ところが、新訳《しんやく》の訳経者《やっきょうしゃ》たち〈注14〉が中国に来た時、彼らは天台大師《てんだいだいし》の一念《いちねん》三千《さんぜん》の教えを見聞きして、ある者は自《みずか》らがもってきた経典の中に一念三千の教えを付《つ》け加《くわ》え、またある者はインドから一念三千の教えを受持《じゅじ》してきたなどと主張《しゅちょう》した。

当時の天台宗《てんだいしゅう》の学者たちのうち、ある者は彼らの教えが自宗と同じであることを喜《よろこ》び、ある者は遠くインドから来たのだからと、その教説《きょうせつ》を貴《とうと》んで、身近な中国の天台大師《てんだいだいし》の教えをないがしろにした。またある者は旧来《きゅうらい》の教えを捨《す》てて新しい教えを採用《さいよう》した。このように魔《ま》につけ入《い》られた心や愚《おろ》かな心が出て来たのである。

しかし、結局のところ、一念三千《いちねんさんぜん》という仏種《ぶっしゅ》でないのなら、有情《うじょう》（衆生《しゅじょう》）が成《じょう》仏《ぶつ》することも、また（非情《ひじょう》である）木像《もくぞう》や絵像《えぞう》の本尊《ほんぞん》を立てることも、有名無実《ゆうめいむじつ》なのである。

◇注　解◇

〈注1〉【無量義経《むりょうぎきょう》】中国・南北朝時代《なんぼくちょう》の斉《せい》の曇摩伽陀耶舎《どんまかだやしゃ》訳。一巻。法華経序品《じょほん》第一には、釈尊《しゃくそん》は「無量義」という名の経典を説いた後、無量義処三昧《むりょうぎしょざんまい》に入ったという記述《きじゅつ》（法華経七五・七六ジベー）があり、その後、法華経の説法《せっぽう》が始まる。中国では、この序品で言及《げんきゅう》される「無量義」という名の経典が「無量義経」と同一視され、法華経を説くための準備として直前に説かれた経典（開経《かいきょう》）と位置づけられた。

〈注2〉どんな未熟《みじゅく》な機根《きこん》の衆生《しゅじょう》であっても、仏の覚《さと》りの真実で仏種《ぶっしゅ》である妙法《みょうほう》を信じ持《たも》つなら、菩薩《ぼさつ》であり仏子《ぶっし》であるから、仏力《ぶつりき》と法力《ほうりき》によって守られ、また諸天《しょてん》などの加護《かご》も受けて、やがては必ず成仏《じょうぶつ》できることを示している。

〈注3〉【普賢経《ふげんぎょう》】観普賢菩薩行法経《かんふげんぼさつぎょうぼうぎょう》の略。中国・南北朝《なんぼくちょう》時代の宋《そう》の曇無蜜多《どんむみった》訳。一巻。普賢経は法華経の教えをふまえた観法《かんぼう》の実践を説くので、法華経の直後にその内容を承《う》けて締《し》めくくる経典（結経《けっきょう》）と位置づけられた。無量義経《むりょうぎきょう》（開経《かいきょう》）と法華経（本経《ほんきょう》）と普賢経（結経）を合わせて法華三部経《ほっけさんぶきょう》と呼ばれる。

〈注4〉【五眼《ごげん》】物事を見る眼《まなこ》を肉眼《にくげん》・天眼《てんげん》・慧眼《えげん》・法眼《ほうげん》・仏眼《ぶつげん》の五種類に分けたもの。仏は五眼すべてをそなえて、すべての人々を救済《きゅうさい》する。①肉眼（人間の肉体にそなわった眼）

②天眼（昼夜遠近《ちゅうやおんごん》を問わず見ることができる天人《てんにん》の眼。禅定《ぜんじょう》を行った人がこれを得る）③慧眼（真空無相《しんくうむそう》の理に立って物事を判断《はんだん》する二乗《にじょう》の智慧《ちえ》の眼）④法眼《ほうげん》（衆生済度《しゅじょうさいど》のために一切《いっさい》の事物・事象を判断する菩薩《ぼさつ》の智慧の眼）⑤仏眼《ぶつげん》（一切の事物・事象を三世十方《さんぜじっぽう》にわたって見通す仏の智慧の眼）。

〈注5〉【法報応《ほっぽうおう》の三種の身】仏としての本質的な三種の特性で、法身《ほっしん》・報身《ほうしん》・応身《おうじん》のこと。①法身とは、仏が覚《さと》った真実・真理のこと。②報身とは、最高の覚りの智慧《ちえ》をはじめ、仏となった報《むく》いとして得た種々の優《すぐ》れた特性。③応身とは、人々を苦悩《くのう》から救《すく》うために、それぞれに応《おう》じて現実に表した姿《すがた》、慈悲《じひ》の側面をいう。

〈注6〉本抄全体の元意《がんい》から見れば、これら三つの経文《きょうもん》は次のことを示しているといえる。妙法《みょうほう》は三世十方《さんぜじっぽう》の諸仏《しょぶつ》を仏ならしめた能生《のうしょう》の種子《しゅし》であり、無量《むりょう》の果徳《かとく》も妙法の一法《いっぽう》から開かれてくるから、もろもろの因行《いんぎょう》も、帰着《きちゃく》するところは妙法の一法による修行となる。

大木となる植物《しょくぶつ》も初めは一粒《ひとつぶ》の種《たね》であり、その種をいくら見ても、豊《ゆた》かな実をもたらすために必要な原因である、多くの根や幹《みき》や枝葉《えだは》や花が、その中にあるようには見えない。また、種が成長した結果として、多くの実がなるようにも見えない。けれども、種の中には、それらを開き顕《あらわ》す要素《ようそ》がすべてそなわっている。道理として事実として因果《いんが》がそなわっている。

それと同じく、仏種《ぶっしゅ》である妙法《みょうほう》には、釈尊《しゃくそん》のみならず、あらゆる仏の一切《いっさい》の因行果徳《いんぎょうかとく》がそなわっており、それゆえ妙法は因果倶時《いんがぐじ》の法なのである。

〈注7〉【顕教《けんきょう》・密教《みっきょう》】インドの伝統的な民間信仰を取り入れ、呪術《じゅじゅつ》や秘密の儀礼《ぎれい》を実践の中核《ちゅうかく》にすえて七世紀ごろに成立した仏教は、密教と呼ばれる。これに対しそれ以前の通常の仏教は、顕教と呼ばれる。

〈注8〉【毘盧遮那仏《びるしゃなぶつ》】華厳経《けごんぎょう》で説かれる仏。サンスクリットのヴァイローチャナを漢訳する際、東晋《とうしん》の仏駄跋陀羅《ぶっだばっだら》訳（六十華厳）では「盧舎那《るしゃな》」と音写し、唐《とう》の実叉難陀《じっしゃなんだ》訳（八十華厳）では「毘盧遮那」と音写した。華厳経では、根源の毘盧遮那仏から十方《じっぽう》の世界に分身《ふんじん》が生じ、それぞれの分身の仏が蓮華《れんげ》の花托《かたく》や花びらの上に座《ざ》していると説かれる。

〈注9〉【大集経《だいじっきょう》】大方等大集経《だいほうどうだいじっきょう》の略。中国・北涼《ほくりょう》の曇無讖《どんむしん》らの訳。六十巻。大乗《だいじょう》の諸経《しょきょう》を集めて一部の経としたもの。国王が仏法を守護《しゅご》しないなら三災《さんさい》が起こると説く。また、釈《しゃく》尊滅後《そんめつご》に正法《しょうほう》が衰退《すいたい》していく様相を五百年ごとに五つに区分する「五《ご》の五百歳《ごひゃくさい》」を説き、これが日蓮大聖人の御在世当時の日本において、釈尊滅後二千年以降《いこう》を末法《まっぽう》とする根拠《こんきょ》とされた。

〈注10〉【染法《ぜんぽう》と浄法《じょうほう》】浄法とは覚《さと》りの種々の要素。生命に本来的にそなわる清浄な覚りが善《よ》い縁《えん》に触《ふ》れて現《あらわ》れた種々の様相。染法とは、迷《まよ》いの種々の要素。悪い縁に触れて清浄な生命が汚染《おせん》されて現れる種々の様相。

〈注11〉【別教《べっきょう》・円教《えんぎょう》】第11章〈注14〉を参照。

〈注12〉**【四蔵《しぞう》】** 四つの教え。『法華玄義《ほっけげんぎ》』巻十下では、声聞蔵《しょうもんぞう》・雑蔵《ぞうぞう》・菩薩蔵《ぼさつぞう》・仏蔵《ぶつぞう》の四蔵を挙《あ》げ、四蔵のそれぞれが四教《しきょう》の蔵教《ぞうきょう》・通教《つうぎょう》・別教《べっきょう》・円教《えんぎょう》に対応するとしている。「大学三郎殿御書《だいがくさぶろうどのごしょ》」には「大日経《だいにちきょう》一部六巻ならびに供養法《くようほう》の巻一巻三十一品《ぼん》これを見聞《けんもん》するに、声聞乗《しょうもんじょう》と縁覚乗《えんがくじょう》と大乗《だいじょう》の菩薩と仏乗《ぶつじょう》との四乗《しじょう》これを説く。その中の大乗の菩薩乗とは三蔵教《さんぞうきょう》の三祇《さんぎ》の菩薩乗なり、仏乗は実《じつ》には大乗なり。法華経に及《およ》ばざるの上、華厳《けごん》・般若《はんにゃ》にも劣《おと》り、ただ阿含《あごん》と方等《ほうどう》との二経《きょう》なり。大日経の極理《ごくり》は、いまだ天台《てんだい》の別教・通教の極理にも及ばざるなり」（新一六五〇ページ・全一二〇四ページ）と仰《おお》せになり、大日経は声聞乗・縁覚乗・菩薩乗・仏乗の四乗を説くとされている。

〈注13〉**【蔵教《ぞうきょう》・通教《つうぎょう》】** 第11章〈注14〉を参照。

〈注14〉**【新訳《しんやく》の訳経者《やっきょうしゃ》たち】** 唐《とう》の玄奘《げんじょう》以後に漢訳された経典を新訳という。これに対して、それ以前に鳩摩羅什《くまらじゅう》らによって漢訳されたものを旧訳《くやく》という。

第16章　受持即観心《じゅじそくかんじん》を明かす

（新一三四ページ十一行目〜一三五ページ十七行目）
（全二四六ページ十行目〜二四七ページ八行目）

問う。〝あれほど偉大《いだい》な教主である釈尊《しゃくそん》が凡夫《ぼんぷ》のこの心に住まわれるのか〟という先ほどの重大な疑問《ぎもん》について、問題を解消《かいしょう》するだけの答えを聞いていないが、どうか。

答える。無量義経《むりょうぎきょう》には「六波羅蜜《ろくはらみつ》〈注1〉を修行したことがなくても、六波羅蜜が自然《しぜん》に出現する」とある。

法華経には「具足《ぐそく》の道《どう》を聞こうとしている」（方便品《ほうべんぼん》）などとある。

涅槃経《ねはんぎょう》には「（梵語《ぼんご》〈サンスクリット〉の）『薩《さ》』〈注2〉とは具足の意味である」とある。

竜樹菩薩《りゅうじゅぼさつ》は「『薩《さ》』とは六である」（『大智度論《だいちどろん》』〈注3〉）と言っている。

『無依無得大乗四論玄義記《むえむとくだいじょうしろんげんぎき》』〈注4〉には「『沙《さ》』は六と訳す。西域《さいいき》の習慣《しゅうかん》では六には具足《ぐそく》の意味がある」とある。

吉蔵《きちぞう》の注釈書《ちゅうしゃくしょ》には「『沙《さ》』は具足と翻訳《ほんやく》する」（『法華義疏《ほっけぎしょ》』〈注5〉）とある。

天台大師《てんだいだいし》は「『薩《さ》』は梵語《ぼんご》であり、中国では妙《みょう》と翻訳する」（『法華玄義《ほっけげんぎ》』）と言っている。

個人《こじん》の見解《けんかい》を加《くわ》えるのは、引用した経《きょう》や注釈《ちゅうしゃく》の本文を汚《けが》すようなものである。しかし、これらの文《もん》が示《しめ》す意味は、以下のことである。釈尊《しゃくそん》が成仏《じょうぶつ》する原因となったあらゆる修行と、成仏した結果として得られたあらゆる功徳《くどく》との二つは、いずれも妙法蓮華経《みょうほうれんげきょう》の五字に具足《ぐそく》している。私たちがこの五字を受持《じゅじ》すれば、おのずと、この釈尊の因《いん》と果《か》の功徳をすべて譲《ゆず》り与《あた》えられるのである。

四人の偉大《いだい》な声聞《しょうもん》〈注6〉は法華経の教えを心から納得《なっとく》し、「最高の宝玉《ほうぎょく》を、求《もと》めてもいなかったのに、おのずと得ることができた」（信解品《しんげほん》）と言った。これは私たちのこの心にそなわる声聞界である。

また釈尊《しゃくそん》も、次のように言っている。

「〝あらゆる衆生《しゅじょう》を私と等しい境涯《きょうがい》とし、異《こと》なることがないようにしたい〟との私の昔からの誓願《せいがん》は、今やすべて成就《じょうじゅ》した。あらゆる衆生を化導《けどう》して、皆《みな》、仏の覚《さと》りに入らせることができた」（方便品《ほうべんぼん》）

この経文《きょうもん》に照《て》らせば、妙覚《みょうかく》〈注7〉を得られた釈尊《しゃくそん》とは私たちの血肉《けつにく》である。その因《いん》と果《か》の功徳《くどく》とは私たちの骨髄《こつずい》ではないか。

宝塔品《ほうとうほん》にはこのようにある。

「もしこの経法《きょうぼう》を受持《じゅじ》すれば、その者は私（釈尊《しゃくそん》）および多宝如来《たほうにょらい》を供養《くよう》するのである。〈中略〉また、法華経の説法《せっぽう》の座《ざ》に集まって来た釈尊の分身《ふんじん》の仏たちは、それぞれの世界を見事に飾《かざ》り輝《かがや》かせているが、この経法を持《たも》てば、その仏たちをも供養するのである」

ここに述《の》べられている釈尊《しゃくそん》、多宝如来《たほうにょらい》、十方《じっぽう》の世界の分身《ふんじん》の仏たちは私たちの仏界《ぶっかい》である。私たちは、釈尊らの跡《あと》を継《つ》いでその功徳《くどく》を受け取るのである。

「わずかの時間でも妙法《みょうほう》を聞けば、すぐに最高の正しい覚《さと》りを完成することができる」（法師品《ほっしほん》）とはこのことである。

寿量品《じゅりょうほん》にはこのようにある。

「（皆《みな》は私〈釈尊《しゃくそん》〉が今世《こんぜ》で初めて成仏《じょうぶつ》したと思っているが）しかし、私は実際には成仏してから、無量無辺百千万億那由他劫《むりょうむへんひゃくせんまんおくなゆたこう》という長遠《ちょうおん》な時間を経《へ》ているのである」

この文《もん》によれば、私たちのこの心にそなわる釈尊《しゃくそん》は、五百塵点劫《ごひゃくじんてんごう》の昔に顕《あらわ》された三身《さんじん》であり、始まりもないほど古くからの、永遠《えいえん》ともいうべき仏なのである。

同じく寿量品《じゅりょうほん》にこうある。

「私は過去世において菩薩道《ぼさつどう》を修行して、それによって得た寿命《じゅみょう》は、今なお尽《つ》きておらず、これからの寿命は、前に述《の》べた五百塵点劫《ごひゃくじんてんごう》の倍の長さである」

これは私たちのこの心にそなわる菩薩などである。

無数の地涌《じゆ》の菩薩《ぼさつ》は、私たちのこの心にそなわる釈尊《しゃくそん》の弟子である。例えを挙《あ》げれば、太公望《たいこうぼう》（呂尚《りょしょう》）・周公旦《しゅうこうたん》〈注8〉らは周の武王《ぶおう》の臣下《しんか》であると同時に幼《おさな》い成王《せいおう》の従者《じゅうしゃ》でもあり、また武内大臣《たけうちのおとど》〈注9〉は神功皇后《じんぐうこうごう》の朝廷《ちょうてい》の中心者であるとともに、その孫《まご》の仁徳皇子《にんとくおうじ》の臣下でもあったようなものである。これらの上《じょう》行《ぎょう》・無辺行《むへんぎょう》・浄行《じょうぎょう》・安立行《あんりゅうぎょう》などといった菩薩は、私たちのこの心にそなわる菩薩である。

妙楽大師《みょうらくだいし》はこのように言っている。

「結論として以下のことが分かる。身《み》と国土は、一念《いちねん》の三千《さんぜん》である。故《ゆえ》に成《じょう》仏《ぶつ》の時には、この根本の真理に合致《がっち》し、その一身《いっしん》・一念は宇宙全体に遍満《へんまん》するのである」（『止観輔行伝弘決《しかんぶぎょうでんぐけつ》』）〈注10〉

◇注　解◇

〈注1〉**【六波羅蜜《ろくはらみつ》】** 大乗《だいじょう》の菩薩《ぼさつ》が実践し修得《しゅとく》すべき六種の徳目《とくもく》。①布施《ふせ》（財施や法を説くこと）②持戒《じかい》（戒律《かいりつ》を守る）③忍辱《にんにく》（苦難を耐え忍ぶ）④精進《しょうじん》（たゆまず修行に励む）⑤禅定《ぜんじょう》（瞑《めい》想《そう》の実践）⑥智慧《ちえ》（般若《はんにゃ》）。前の五つそれぞれを完成させ、智慧の完成を目指す。

〈注2〉**【『薩《さ》』】**「薩」はサンスクリットの sat を音写した漢字。sat には、「正しい、すばらしい」という意味がある。「沙《さ》」はサンスクリットの ṣa を音写した漢字。「六」はサンスクリットでは ṣaṣ である。インドの俗語《ぞくご》では、s と ṣ は区別されないものがあり、仏典《ぶってん》の写本《しゃほん》でも区別されないものがある。

〈注3〉**【『大智度論《だいちどろん》』】** 竜樹《りゅうじゅ》著とされ、鳩摩羅什《くまらじゅう》の漢訳がある。百巻。摩訶般若波羅蜜経《まかはんにゃはらみつきょう》（大《だい》品般若経《ぼんはんにゃきょう》）に対する詳しい注釈書《ちゅうしゃくしょ》。法華経などの諸大乗経《しょだいじょうきょう》に基《もと》づいて、大乗の菩薩《ぼさつ》思想や六《ろく》波羅蜜行《はらみつぎょう》などの意義を解明《かいめい》しており、後のあらゆる大乗思想の展開の母胎《ぼたい》となった。

〈注4〉**【『無依無得大乗四論玄義記《むえむとくだいじょうしろんげんぎき》』】** 中国・唐《とう》の僧・均正《きんせい》（慧均《えきん》）の著とされる。『中論《ちゅうろん》』など大乗の四つの論を注釈《ちゅうしゃく》したもの。

〈注5〉**【『法華義疏《ほっけぎしょ》』】** 吉蔵《きちぞう》（嘉祥《かじょう》）による法華経の注釈書《ちゅうしゃくしょ》。十二巻。

〈注6〉**【四人の偉大《いだい》な声聞《しょうもん》】** 須菩提《しゅぼだい》・摩訶迦葉《まかかしょう》・迦旃延《かせんねん》・目犍連《もっけんれん》（目連《もくれん》）の四大《しだい》声聞のこと。

〈注7〉【妙覚《みょうかく》】仏の優《すぐ》れた覚《さと》りの境地。菩薩《ぼさつ》の修行の段階である五十二位《ごじゅうにい》では、最高位の第五十二位に当たる。

〈注8〉【太公望《たいこうぼう》（呂尚《りょしょう》）・周公旦《しゅうこうたん》】太公望呂尚は、紀元前十一世紀ごろ、中国・周《しゅう》の文王《ぶんおう》の臣下《しんか》で、文王の没後《ぼつご》、文王の子の武王《ぶおう》を補佐《ほさ》した。周公旦《しゅうこうたん》は、武王の弟で武王を支《ささ》え、武王の没後、武王の子・成王《せいおう》を補佐した。

〈注9〉【武内大臣《たけうちのおとど》】武内宿禰《たけうちのすくね》のこと。『日本書紀《にほんしょき》』などに見られる伝説的な人物。景行《けいこう》・成《せい》務《む》・仲哀《ちゅうあい》・応神《おうじん》・仁徳《にんとく》の五人の天皇に仕《つか》えたという。仲哀天皇の皇后《こうごう》が神功《じんぐう》皇后で、応神の母であるが、仲哀没後《ぼつご》、応神即位《そくい》までの間、政治を司《つかさど》ったとされる。日蓮大聖人の時代は、神功皇后は天皇の歴代に入れられていた。

〈注10〉【「結論として以下の……遍満《へんまん》するのである」】御書本文の引用は「当《まさ》に知るべし、身土《しんど》は一念《いちねん》の三千《さんぜん》なり。故《ゆえ》に、成道《じょうどう》の時、この本理《ほんり》に称《かな》って、一身一念《いっしん》法界《ほうかい》に遍《あまね》し」（新一三三五ジ・全二四七ジ）。この妙楽大師《みょうらくだいし》の文《もん》は、『止観輔行伝弘決《しかんぶぎょうでんぐけつ》』にあり、『摩訶止観《まかしかん》』の一《いち》念三千《ねんさんぜん》の文を受けて釈《しゃく》したものである。すなわち、この妙楽大師の文は、〝一念《いちねん》は三千を具《ぐ》し、一念は三千に広がる〟ことを示しているのである。

「身土《しんど》」とは、衆生《しゅじょう》の境涯《きょうがい》を現実に構成する身《み》と国土である。一念三千《いちねんさんぜん》の三世間《さんせけん》でいえば、身は五陰《ごおん》世間と衆生世間であり、土は国土世間である。

第4章で確認されていたように、非情《ひじょう》である国土も、生命の因果《いんが》の理法に基《もと》づいて、十《じっ》界《かい》の違《ちが》いがある。すなわち、一念《いちねん》が十界のどれに定められているかによって、自身の身《み》と国土が十界のどれに現《あらわ》れるかが変わるのである。

衆生《しゅじょう》の境涯《きょうがい》、すなわち衆生が住んで感じている世界の全体、法界《ほうかい》は、自身が則《のっと》っている法に応《おう》じた世界である。それに十種の違《ちが》いがあるので十法界《じっぽうかい》なのである。地獄《じごく》の因果《いんが》の法に則れば、身《み》も国土も地獄を現《あらわ》す地獄界となる。仏の因果の法に則れば、身も国土も仏を現す仏界《ぶっかい》となる。

「この本理《ほんり》」とは、十界互具《じっかいごぐ》・一念三千《いちねんさんぜん》という根本の真理であり、それはすなわち因果倶《いんがぐ》時《じ》の妙法《みょうほう》である。したがって、「成道《じょうどう》の時」には、「この本理《ほんり》」を体得して合致《がっち》するので、その一身《いっしん》・一念《いちねん》は、十法界《じっぽうかい》全体にあまねくわたり、一念三千《いちねんさんぜん》を体現するのである。

大段第二（2）　本尊《ほんぞん》を明かす

（新一三六ページ一行目～一四六ページ十五行目）
（全二四七ページ九行目～二五四ページ十七行目）

（新136）

第7段　あらあら本尊《ほんぞん》を説明する

（新一三六㌻一行目〜十六行目）
（全二四七㌻九行目〜二四八㌻三行目）

第17章　権経《ごんきょう》・法華経迹門《しゃくもん》の国土

（新一三六㌻一行目〜三行目）
（全二四七㌻九行目〜十一行目）

釈尊《しゃくそん》が初めて覚《さと》りを開いた場所〈注1〉、そこで説《と》かれた華蔵世界《けぞうせかい》から、生涯《しょうがい》を終えた沙羅双樹《しゃらそうじゅ》の林〈注2〉に至《いた》るまで、五十年余《あま》りの間にさまざまな経典の舞台《ぶたい》となった種々の国土として、華蔵世界、密厳《みつごん》世界〈注3〉、また法華経の三《さん》変土田《へんどでん》〈注4〉、沙羅の四見《しけん》〈注5〉で示《しめ》された三種あるいは四種の国土〈注6〉がある。これらの国土は、皆《みな》、（成住壊空《じょうじゅうえくう》という四劫《しこう》〈注7〉の中の）成劫《じょうこう》という時の無《む》常《じょう》の国土を釈尊が超人的《ちょうじんてき》な力《ちから》によって作り変えた方便土《ほうべんど》・実報土《じっぽうど》・寂光土《じゃっこうど》であり、阿弥陀仏《あみだぶつ》の安養世界《あんようせかい》〈注8〉、薬師如来《やくしにょらい》の浄瑠璃《じょうるり》世界〈注9〉、大日《だいにち》如来の密厳《みつごん》世界などである。

これらの国土を作り出した教主である釈尊《しゃくそん》が亡《な》くなってしまえば、作り出された国土にいる仏たちもそれに従《したが》って消滅《しょうめつ》してしまう。その国土もまた同様である。

◇注　解◇

〈注1〉**【釈尊《しゃくそん》が初めて覚《さと》りを開いた場所】** 御書本文は「寂滅道場《じゃくめつどうじょう》」（新一三六ページ・全二四七ページ）。寂滅とは涅槃《ねはん》（ニルヴァーナ）の漢訳で、仏の覚《さと》りの平安な境地《きょうち》。道場とは、覚り（道《どう》）を得た場所のこと。

〈注2〉**【沙羅双樹《しゃらそうじゅ》の林】** 沙羅とはサンスクリットのシャーラの音写で、ここではインド原産のフタバガキ科の常緑高木《じょうりょくこうぼく》。中インドの阿恃多伐底河《あじたばっていが》（跋提河《ばつだいが》）のほとりにある沙羅林《しゃらりん》のこと。釈尊《しゃくそん》は涅槃経《ねはんぎょう》を説いた後、この対《つい》になった沙羅の木の下で入滅《にゅうめつ》したとされる。

〈注3〉**【密厳世界《みつごんせかい》】** 密厳経《みつごんぎょう》で説かれる大日如来《だいにちにょらい》が住む浄土《じょうど》。

〈注4〉**【三変土田《さんぺんどでん》】** 第7章〈注12〉を参照。

〈注5〉**【沙羅《しゃら》の四見《しけん》】** 衆生《しゅじょう》の機根《きこん》や境涯《きょうがい》の相違《そうい》によって、同じ沙羅双樹《しゃらそうじゅ》の林が凡聖同居《ぼんしょうどうご》土《ど》・方便有余土《ほうべんうよど》・実報無障礙土《じっぽうむしょうげど》・常寂光土《じょうじゃっこうど》の四土《しど》に違《ちが》って見えること。四土の詳細は第11章〈注23〉を参照。

〈注6〉**【三種あるいは四種の国土】** 凡聖同居土《ぼんしょうどうごど》・方便有余土《ほうべんうよど》・実報無障礙土《じっぽうむしょうげど》の三土に常寂《じょうじゃっ》光土《こうど》を加え四土《しど》とする。四土の詳細は第11章〈注23〉を参照。

〈注7〉**【成住壊空《じょうじゅうえくう》という四劫《しこう》】** 仏教の世界観で、この世界が生成し消滅《しょうめつ》する過程を四つの時期に区分したもの。①成劫《じょうこう》（成立する期間）②住劫《じゅうこう》（存続する期間）③壊劫《えこう》（崩壊《ほうかい》する期間）④空劫《くうこう》（再び成立するまでの期間）。

〈注8〉**【安養世界《あんようせかい》】** 安養はサンスクリットのスカーヴァティーの訳。極楽《ごくらく》世界のこと。漢訳によって「極楽」「安楽《あんらく》」という訳語もある。阿弥陀仏《あみだぶつ》がいる浄土《じょうど》で、西方《さいほう》のはるか彼方にあるとされる。浄土教では、念仏《ねんぶつ》をとなえれば死後に極楽世界に生まれることができるとする。

〈注9〉**【浄瑠璃世界《じょうるりせかい》】** 娑婆《しゃば》世界から東方にある薬師如来《やくしにょらい》が住む浄土《じょうど》。

第18章　本門《ほんもん》の国土

（新一三六ジペー四行目～六行目）
（全二四七ジペー十二行目～十四行目）

これに対して、法華経本門《ほんもん》で説《と》かれた時の娑婆世界《しゃばせかい》〈注1〉は、壊劫《えこう》の時に起こる三災《さんさい》〈注2〉もなく、成住壊空《じょうじゅうえくう》の四劫《しこう》の流転《るてん》をも超《こ》えた、永遠《えいえん》に存続《そんぞく》する浄《じょう》土《ど》である〈注3〉。その浄土における仏は、過去において亡《な》くなったこともなければ、未来において新たに生じるということもない。その教えを受ける弟子もまた、仏と同じく三世常住《さんぜじょうじゅう》である〈注4〉。

これらが私たちのこの心にそなわる、三千の世界がすべてそなわった三種の世間《せけん》である〈注5〉。

迹門《しゃくもん》の十四品《ほん》には、このことがまだ説《と》かれていなかった。それは、法華経の説法《せっぽう》の中でも、時と機根《きこん》が熟《じゅく》していなかったからだろうか。

◇注　解◇

〈注1〉【娑婆世界《しゃばせかい》】娑婆世界は凡夫《ぼんぷ》と聖者《せいじゃ》が同居《どうきょ》している国土、すなわち凡聖同居土《ぼんしょうどうごど》であるが、法華経本門《ほんもん》では、その娑婆世界こそが実は久遠《くおん》の仏が常住《じょうじゅう》する永遠に安穏《あんのん》な国土、すなわち常寂光土《じょうじゃっこうど》であるという、娑婆即《そく》寂光の法門が説き示されている。

〈注2〉【三災《さんさい》】四劫《しこう》のうち壊劫《えこう》の時に起こる三種の災害で、火災《かさい》・水災《すいさい》・風災《ふうさい》をいう。

〈注3〉先に第11章で確認したように、法華経寿量品《じゅりょうほん》において釈尊《しゃくそん》の久遠実成《くおんじつじょう》という本地《ほんじ》（本来の真実の境地《きょうち》）が説かれた時、釈尊の本因《ほんいん》（常住《じょうじゅう》の九界《きゅうかい》）本果《ほんが》（常住の仏界《ぶっかい》）、すなわち因果の常住が明かされた。

それ故《ゆえ》、釈尊《しゃくそん》の本国土である娑婆世界《しゃばせかい》はそれを反映《はんえい》して、寿量品《じゅりょうほん》の自我偈《じがげ》に、劫《こう》の末《すえ》に起こる世界を破壊《はかい》する大火によっても破壊されず、「我《わ》が此《こ》の土《ど》は安穏《あんのん》」（法華経四九一ジペー）と記されているように、無常《むじょう》を免《まぬか》れた「常住《じょうじゅう》の浄土《じょうど》」という本来の姿《すがた》を現《あらわ》すのである。

〈注4〉常住《じょうじゅう》の仏の常住の浄土《じょうど》で、寿量品《じゅりょうほん》の久遠実成《くおんじつじょう》の説法《せっぽう》の場に集い、教えを受けている衆生《しゅじょう》も、同様に永遠《えいえん》常住の存在である。

それ故《ゆえ》、自我偈《じがげ》に「時に我及《われおよ》び衆僧《しゅそう》は　倶《とも》に霊鷲山《りょうじゅせん》に出《い》ず」（法華経四九〇ジペー）と説かれているように、釈尊《しゃくそん》の滅後《めつご》の悪世《あくせ》に「一心《いっしん》に仏を見ようとして、命をも惜《お》しまない（一心《いっしん》

欲見仏《よくけんぶつ》　不自惜身命《ふじしゃくしんみょう》）」人のもとに、永遠《えいえん》の仏が現出するのである。

〈注5〉日蓮大聖人は、常住《じょうじゅう》の仏と常住の九界《きゅうかい》の衆生《しゅじょう》と常住の国土が明かされたことに対して、「これは即《すなわ》ち己心《こしん》の三千具足《ぐそく》、三種の世間《せけん》なり」（新一三六ジペー・全二四七ジペー）と仰《おお》せである。

仏界《ぶっかい》と九界《きゅうかい》とをあわせて十界《じっかい》であり、それらが互具《ごぐ》して百界となる。そして、十界それぞれが共通にそなえている十の特性を明かした十如是《じゅうにょぜ》と、十界それぞれが三つの異《こと》なる次元に現《あらわ》れることを示した三世間《さんせけん》とによって、三千の世界が構成される。この三千の世界を構成する三世間こそ、万人の心にそなわる三世常住《さんぜじょうじゅう》の浄土《じょうど》である。

第19章　本門《ほんもん》の本尊《ほんぞん》を明かす

（新一三六ジペー七行目〜十六行目）
（全二四七ジペー十五行目〜二四八ジペー三行目）

この本門《ほんもん》の肝心《かんじん》である南無妙法蓮華経の五字については、仏は文殊師利菩薩《もんじゅしりぼさつ》・薬王《やくおう》菩薩〈注1〉などの偉大《いだい》な菩薩たちにさえ、その弘通《ぐつう》を託《たく》さなかった。まして、それよりも智慧《ちえ》や修行が劣《おと》る者に託さなかったことは言うまでもない。無数の地涌《じゆ》の菩薩を召《め》し出《だ》して、涌出品《ゆじゅっぽん》から嘱累品《ぞくるいほん》までの八品《はっぽん》を説《と》き、彼らにだけ、この南無妙法蓮華経の弘通を託したのであった。

その本尊《ほんぞん》のすがたは、久遠《くおん》の本仏《ほんぶつ》の国土である娑婆世界《しゃばせかい》の上に宝塔《ほうとう》が虚空《こくう》にあり、その宝塔の中央の妙法蓮華経《みょうほうれんげきょう》の左右に釈尊《しゃくそん》と多宝仏《たほうぶつ》、その釈尊の脇士《きょうじ》〈注2〉である上行《じょうぎょう》らの四大菩薩《しだいぼさつ》がいて、文殊《もんじゅ》・弥勒《みろく》らの菩薩たちは四大菩薩の従者《じゅうしゃ》として末座《まつざ》にいる。迹仏《しゃくぶつ》の弟子である大小の菩薩たちや他方《たほう》から来た大小の菩薩たちは、一般《いっぱん》の庶民《しょみん》が地面の上にいて宮殿《きゅうでん》の中の王侯貴族《おうこうきぞく》を仰《あお》ぎ見るように二仏《ぶつ》・四大菩薩たちを仰ぎ見ている。そして十方《じっぽう》の世界から集まって来た仏たちは大地の上にいる。それは、彼らが迹仏であり、その国土が迹土《しゃくど》であることを表すためである。

このような本尊《ほんぞん》は、釈尊《しゃくそん》の存命中《ぞんめいちゅう》、五十年余《あま》りの間にはなかった。法華経が説《と》かれた八年間でも、ただ涌出品《ゆじゅっぽん》から嘱累品《ぞくるいほん》までの八品《はっぽん》だけに出現したのである。

正法《しょうほう》・像法《ぞうほう》の時代の二千年の間は、小乗経《しょうじょうきょう》を説《と》いた釈尊《しゃくそん》は迦葉《かしょう》〈注3〉・阿難《あなん》を脇士《きょうじ》とし、また権大乗経《ごんだいじょうきょう》・涅槃経《ねはんぎょう》・法華経迹門《しゃくもん》などを説いた釈尊は文殊菩《もんじゅぼ》薩《さつ》・普賢《ふげん》菩薩〈注4〉らを脇士とした。これらの仏は正法・像法の時代に仏像《ぶつぞう》として造《つく》られ、また絵としても描《えが》かれたけれども、寿量《じゅりょう》の仏〈注5〉については一度も造形《ぞうけい》されたことはなかった。末法《まっぽう》に至《いた》って初めてこの仏像（文字曼荼羅《もじまんだら》の御本《ごほん》尊《ぞん》）が現《あらわ》れるということだろうか。

◇注　解◇

〈注1〉**【薬王菩薩《やくおうぼさつ》】** 病気治癒《ちゆ》を主たる利益《りやく》とする菩薩。法華経では法師品《ほっしほん》第十などの対告衆《たいごうしゅ》であり、勧持品《かんじほん》第十三では釈尊滅後《しゃくそんめつご》の法華経の弘通《ぐつう》を誓《ちか》っている。

〈注2〉**【脇士《きょうじ》】** 中尊《ちゅうそん》（中心）の仏の左右あるいは周囲にあって、仏の功徳《くどく》と働《はたら》きを表す声聞《しょうもん》・菩薩《ぼさつ》のこと。脇士の位《くらい》・様相によってその本尊の功徳と働きの高下が判《はん》じられる。

〈注3〉**【迦葉《かしょう》】** サンスクリットのカーシャパの音写。釈尊《しゃくそん》の十大弟子の一人で、頭陀《ずだ》（欲望《よくぼう》を制《せい》する修行）第一といわれた。釈尊の教団を支《ささ》え、釈尊滅《めつ》後の教団の中心となった。釈尊の言行《げんこう》を経典として集成《しゅうせい》したとされる。

〈注4〉**【普賢菩薩《ふげんぼさつ》】** 普賢はサンスクリットのサマンタバドラの訳。「あらゆる点ですぐれている」の意で、仏の持つすぐれた特性（特に実践面）を人格化《じんかくか》した菩薩。仏像などでは、白《はく》象《ぞう》に乗った姿《すがた》で釈尊《しゃくそん》の向かって右に配される。法華経では普賢菩薩勧発品《ふげんぼさつかんぼっぽん》第二十八で登場し、法華経の修行者を守護《しゅご》する誓《ちか》いを立てる。

〈注5〉**【寿量《じゅりょう》の仏】** 大聖人が顕《あらわ》された文字曼荼羅《もじまんだら》の御本尊《ごほんぞん》は、上行《じょうぎょう》等の四菩薩《しぼさつ》が釈尊《しゃくそん》の脇《きょう》士《じ》となっているので、この釈尊は法華経本門寿量品における釈尊すなわち「寿量の仏」である。さらに、その「寿量の仏」そのものが、首題の南無妙法蓮華経の脇士に位置づけられている。これは、南無妙法蓮華経こそがすべての仏を生み出した能生《のうしょう》として、根本の本尊たるべきことを示している。したがって、この文の趣旨《しゅし》は、「寿量の仏」そのものを本尊とするのではなく、「寿量の仏」が多宝仏《たほうぶつ》、四菩薩などとともに脇士となる文字曼荼羅を本尊とすることにある。そして、「末法《まっぽう》に来入《らいにゅう》して始めてこの仏像《ぶつぞう》出現せしむべきか」（新一三六ジペー・全二四八ジペー）とあるように、この御本尊は、結要付嘱《けっちょうふぞく》を受けた上行菩薩等の四菩薩が末法に出現して、末法の衆生《しゅじょう》のために初めて顕すのである。よって、「この仏像」の意味は、文字曼荼羅の御本尊と解すべきである。

（新137）

第8段　詳《くわ》しく本尊《ほんぞん》を説明する

（新一三六ページ十七行目～一三八ページ十五行目）
（全二四八ページ四行目～二四九ページ十行目）

第20章　末法《まっぽう》に出現する本尊を尋《たず》ねる

（新一三六ページ十七行目～一三七ページ三行目）
（全二四八ページ四行目～六行目）

問う。正法《しょうほう》・像法《ぞうほう》二千年余《あま》りの間は、四依《しえ》の菩薩《ぼさつ》や中国・日本の学者たちが、釈尊《しゃくそん》以外の仏や、小乗《しょうじょう》・権大乗《ごんだいじょう》・爾前経《にぜんきょう》・法華経迹門《しゃくもん》を説《と》いた釈尊などを本尊《ほんぞん》とする寺や塔《とう》を建立《こんりゅう》したことはあったけれども、本門寿量品《ほんもんじゅりょうほん》の本尊と四大《しだい》菩薩《ぼさつ》についてはインド・中国・日本の王も臣下《しんか》も、これまで一度も本尊として崇《あが》めることがなかったと、あなたは言われた。

このことは、今、概略《がいりゃく》を聞いたけれども、前代未聞《ぜんだいみもん》のことであり、耳も目も衝撃《しょうげき》を受け、とまどっている。どうか、もう一度説明してほしい。詳《くわ》しく話を聞きたい。

◇注　解◇

ここからは、前段の結論を受けて、さらに本尊《ほんぞん》について詳述《しょうじゅつ》していく展開となる。特に、法華経本門の肝心《かんじん》である本尊が、正法《しょうほう》・像法《ぞうほう》時代に出現せず、末法《まっぽう》において地涌《じゆ》の菩薩《ぼさつ》によって顕《あらわ》される理由を「五重三段《ごじゅうさんだん》」を明かして述《の》べられる。

五重三段とは、釈尊《しゃくそん》が説いた教えを五重にわたって、序分《じょぶん》・正宗分《しょうしゅうぶん》・流通分《るつうぶん》の三段に分けたもの。①一代一経三段《いちだいいっきょう》②法華十巻三段《ほっけじっかん》③迹門熟益三段《しゃくもんじゅくやく》④本門脱益三段《ほんもんだっちゃく》⑤文底下種三段《もんていげしゅ》（末法の下種三段）の五つをいう。ひとまとまりの教えを三つの段階（三段）に分けた中で、最も核心《かくしん》となる部分を正宗分といい、正宗分に至《いた》るまでの導入《どうにゅう》部分を序分といい、正宗分をどのように説き弘《ひろ》めていくかなどを説いた部分を流通分という。この五重三段を明かすことを通して、釈尊をはじめ三世十方《さんぜじっぽう》の仏が説こうとした最も根本の教えとは、南無妙法蓮華経であり、その法を直ちに顕《あらわ》したのが「本門の本尊《ほんぞん》」であることを示されていく。

第21章　一代三段《いちだいさんだん》・十巻《じっかん》三段を示す

（新一三七ページ四行目～九行目）
（全二四八ページ七行目～十一行目）

答える。法華経全体すなわち八巻《はっかん》二十八品《にじゅうはっぽん》を中心に、それ以前に説《と》かれた前《ぜん》四味《しみ》の教え〈注1〉、またその後に説かれた涅槃経《ねはんぎょう》など釈尊《しゃくそん》が一生のうちに説いた経《きょう》をすべて合わせて、一つの経とみなすことができる。

このうち、初めて覚《さと》りを開いた時から般若経《はんにゃきょう》までは、序分《じょぶん》〈注2〉である。無《む》量義経《りょうぎきょう》・法華経・普賢経《ふげんぎょう》、合わせて十巻は、正宗分《しょうしゅうぶん》〈注2〉である。涅槃経などは流通分《るつうぶん》〈注2〉である。

正宗分《しょうしゅうぶん》である法華経などの十巻についてみると、同様に序分《じょぶん》・正宗分・流通《るつう》分《ぶん》がある。無量義経《むりょうぎきょう》と法華経の序品《じょほん》は序分である。方便品《ほうべんぽん》から分別功徳品《ふんべつくどくほん》の十九行の偈《げ》〈注3〉までの十五品半《ほん》は正宗分である。分別功徳品の現在の四信《ししん》〈注4〉が説《と》かれたところから普賢菩薩勧発品《ふげんぼさつかんぼっぽん》までの十一品《じゅういっぽん》半と普賢経《ふげんぎょう》一巻は流通分である。

◇注　解◇

〈注1〉**【それ以前に説《と》かれた前四味《ぜんしみ》の教え】** 天台大師智顗《てんだいだいしちぎ》は、釈尊《しゃくそん》の経典を説かれた順に整理して五つに分類し、五番目の時期、すなわち釈尊の真意を説いた法華経・涅槃経《ねはんぎょう》を説いた時期を最高の味である醍醐味《だいごみ》に譬《たと》え、それ以前の華厳《けごん》・阿含《あごん》・方等《ほうどう》・般若《はんにゃ》という四つの時期の教えをそれぞれ乳《にゅう》・酪《らく》・生蘇《しょうそ》・熟蘇《じゅくそ》の四味に譬えた。第12章〈注24〉を参照。

〈注2〉**【序分《じょぶん》・正宗分《しょうしゅうぶん》・流通分《るつうぶん》】** 経典の教えを解釈《かいしゃく》する際に内容を三段階に区分したもの。最も核心《かくしん》となる部分を正宗分といい、正宗分に至《いた》るまでの導入《どうにゅう》部分を序分といい、正宗分をどのように説き弘《ひろ》めていくかなどを説いた部分を流通分という。

〈注3〉**【分別功徳品《ふんべつくどくほん》の十九行の偈《げ》】** 法華経分別功徳品第十七の冒頭《ぼうとう》で釈尊《しゃくそん》は、寿量品《じゅりょうほん》の教えを聞いた功徳を説くが、それを理解した弥勒菩薩《みろくぼさつ》が説いた詩句《しく》のこと。「仏説希有法《ぶっせつけうほう》」（法華経四九八ページ）から「以助無上心《いじょむじょうしん》」（法華経五〇一ページ）まで。五字四句で一行として、十九行からなる。

〈注4〉**【現在の四信《ししん》】** 釈尊《しゃくそん》の存命中《ぞんめいちゅう》に寿量品《じゅりょうほん》の内容を聞いた人が得る功徳《くどく》を四段階に分けて示したもの。①一念信解《いちねんしんげ》（一瞬《いっしゅん》の間でも信じることで、莫大《ばくだい》な功徳を得て不退転の境地《きょうち》を得ること）②略解言趣《りゃくげごんしゅ》（寿量品の内容を理解することで、仏の最高の智慧《ちえ》を起こすこと）③広為他説《こういたせつ》

（他の人に法華経を弘《ひろ》めることで、すべてのものを知る仏の智慧を得ること）④深信観成《じんしんかんじょう》（心の底から信じることで、仏が常住《じょうじゅう》であることを目の当たりに見ること）の四つの段階をいう。

第22章　迹門熟益三段《しゃくもんじゅくやくさんだん》を示す

（新一三七㌻十行目～一三八㌻一行目）
（全二四八㌻十二行目～十八行目）

さらに法華経などの十巻についても、迹門《しゃくもん》と本門《ほんもん》という二つの経典に分けることができる。そして、それぞれに序分《じょぶん》・正宗分《しょうしゅうぶん》・流通分《るつうぶん》がある。

迹門《しゃくもん》の教えを序分・正宗分・流通分に分けると、無量義経《むりょうぎきょう》と法華経の序品《じょほん》は序分である。方便品《ほうべんぼん》から人記品《にんきほん》までの八品《はっぽん》は正宗分である。法師品《ほっしほん》から安楽行品《あんらくぎょうほん》までの五品《ほん》は流通分である。

その教主はどのようなものかと言うと、始成正覚《しじょうしょうがく》の仏であり、完全ではないがそれまでになかった（本無今有《ほんむこんぬ》）〈注1〉百界千如《ひゃっかいせんにょ》を説《と》きあらわした。これは過去の説法《せっぽう》・現在の説法・未来の説法（已今当《いこんとう》の三説）〈注2〉より、はるかに優《すぐ》れた、釈尊《しゃくそん》が自分の本意のままに説き明かした難信難解《なんしんなんげ》の正しい教えである。

迹門《しゃくもん》では、釈尊《しゃくそん》と衆生《しゅじょう》の過去世からの関係がどのようなものかと言うと、釈

（新138）

尊が大通智勝仏《だいつうちしょうぶつ》の十六番目の王子であった時に、仏果《ぶっか》をもたらす種子《しゅし》を衆生に下《お》ろしたのである。さらに釈尊は華厳経《けごんぎょう》などの前四味《ぜんしみ》の教えを手掛《てが》かりとして、この大通智勝仏の時に下ろした種子を衆生に思い起こさせたのである。

しかし、これは釈尊《しゃくそん》の本意ではない。せいぜい毒発《どくほつ》（体に入っていた毒がきっかけを得て影響《えいきょう》が現《あらわ》れること）のようなことにすぎない。二乗《にじょう》・凡夫《ぼんぷ》たちのうち、前四味《ぜんしみ》の教えを手掛《てが》かりとして、次第《しだい》に法華経に至《いた》り、過去に下《お》ろされた種子《しゅし》を明らかにして仏界《ぶっかい》を開き顕《あらわ》す機根《きこん》が、これに当たる。

また、釈尊《しゃくそん》の存命中《ぞんめいちゅう》に初めて迹門《しゃくもん》の正宗分《しょうしゅうぶん》の八品《はっぽん》の説法《せっぽう》を聞いた人界《にんかい》や天界《てんかい》の衆生《しゅじょう》のうち、ある者は一句《く》一偈《げ》を聞いて下種《げしゅ》とし〈注3〉、ある者は以前の下《お》ろされた種《たね》を成熟《せいじゅく》させ、ある者は得脱《とくだつ》という結果を得た。また、法華経の説法の場で成仏《じょうぶつ》しなかった者のうち、ある者は普賢経《ふげんぎょう》や涅槃経《ねはんぎょう》に至《いた》って成仏し、ある者は正法《しょうほう》・像法《ぞうほう》・末法《まっぽう》の時代に小乗教《しょうじょうきょう》や権大乗教《ごんだいじょうきょう》などを手掛《てが》かりとして法華経に入って成仏したのである。

同様の例を挙《あ》げれば、釈尊の存命中の衆生が前四味《ぜんしみ》の教えを手掛かりとして法華経に入り、得脱《とくだつ》したのが、これである。

◇注　解◇

〈注1〉**【本無今有《ほんむこんぬ》】**「本無《もとな》くして今有《いまあ》り」と読み下す。「本無（本無くして）」とは仏の本地《ほんじ》（久遠実成《くおんじつじょう》）が明かされず、真の一念三千《いちねんさんぜん》が明らかにされていないこと。「今有（今有り）」とは、それにもかかわらず迹門《しゃくもん》で二乗作仏《にじょうさぶつ》が説《と》かれ、一応、一念三千が示されたこと。

〈注2〉**【已今当《いこんとう》の三説《さんせつ》】** 法華経法師品《ほっしほん》第十に「我《わ》が説《と》く所の経典《きょうてん》は無量千万億《むりょうせんまんのく》にして、已《すで》に説き、今《いま》説き、当《まさ》に説くべし。而《しか》も其《そ》の中に於《お》いて、此《こ》の法華経は最《もっと》も為《こ》れ難信難解《なんしんなんげ》なり」（法華経三六二ジペー）とある。これについて、天台大師智顗《てんだいだいしちぎ》は『法華文句《ほっけもんぐ》』で、過去の説《せっ》法《ぽう》（已説《いせつ》）とは、法華経以前に説かれた、いわゆる爾前《にぜん》の諸経《しょきょう》、現在の説法（今説《こんせつ》）とは法華経と同時期の無量義経《むりょうぎきょう》、未来の説法（当説《とうせつ》）とは法華経より後に説かれた涅槃経《ねはんぎょう》などを指すと解釈《かいしゃく》している。

〈注3〉**【一句一偈《く》《げ》を聞いて下種《げしゅ》とし】** ここの下種は発心《ほっしん》下種である。下種には最初の聞法《もんぼう》下種とそれ以後の発心下種がある。聞法下種とは、はじめて成仏《じょうぶつ》の根本法を直《ただ》ちに聞いて、成仏の根本因《こんぽんいん》を自身の生命に具《そな》えるものである。これに対し発心下種は、さまざまな教えなどの縁《えん》に触《ふ》れて、菩提心《ぼだいしん》（仏の覚《さと》りを求《もと》める心）を発揮《はっき》すること。聞法下種が最も根本の下種であるので、それに対すれば発心下種は調熟《じょうじゅく》の中のこととなる。

（全249）

第23章　本門脱益三段《ほんもんだっちゃくさんだん》を示す

（新一三八ジ〜二行目〜六行目）
（全二四九ジ〜一行目〜四行目）

　また、本門《ほんもん》の十四品《ほん》を一つの経典と見なせば、そこに序分《じょぶん》・正宗分《しょうしゅうぶん》・流通分《るつうぶん》がある。涌出品《ゆじゅっぽん》の前半を序分とする。寿量品《じゅりょうほん》とその前後、すなわち涌出品の後半と分別功徳品《ふんべつくどくほん》の前半、この一品二半《いっぽんにはん》を正宗分とする。残りは流通分である。

　この本門《ほんもん》の教主はどのようであるかと言うと、始成正覚《しじょうしょうがく》の釈尊《しゃくそん》ではない。説《と》いた法門も、迹門《しゃくもん》までの教えと本門の教えでは天と地ほどの違《ちが》いがある。十界《じっかい》が久遠《くおん》から常住《じょうじゅう》であることが明かされ、それに加えて国土世間《こくどせけん》も明かされて、一念三千《いちねんさんぜん》については、ほとんど竹の薄《うす》い膜《まく》で隔《へだ》てられているほどとなった〈注1〉。

　また、迹門《しゃくもん》および前四味《ぜんしみ》の教え・無量義経《むりょうぎきょう》・涅槃経《ねはんぎょう》などの已今当《いこんとう》の三説は、すべて釈尊《しゃくそん》が衆生《しゅじょう》の意向に合わせて説《と》いた教え〔随他意《ずいたい》〕であり、易信易解《いしんいげ》

〔信じ易《やす》く、理解し易い〕の教えである。それに対して、本門《ほんもん》は已今当の三説を超《こ》えた難信難解《なんしんなんげ》の教えであり、釈尊が自分の本意のままに説き明かした教え〔随自意《ずいじい》〕である。

◇注　解◇

〈注1〉【一念三千《いちねんさんぜん》についてはほとんど竹の薄《うす》い膜《まく》で隔《へだ》てられているほどとなった】　御書本文は「一念三千ほとんど竹膜《ちくまく》を隔《へだ》つ」（新一三八ページ・全二四九ページ）。

法華経迹門《しゃくもん》で、諸法実相《しょほうじっそう》・十如是《じゅうにょぜ》、開示悟入《かいじごにゅう》の四仏知見《しぶっちけん》が明かされて、開三顕一《かいさんけんいち》と悪人《あくにん》成仏《じょうぶつ》・女人《にょにん》成仏が説《と》かれたことにより、十界互具《じっかいごぐ》・百界千如《ひゃっかいせんにょ》が確立《かくりつ》した。

法華経本門《ほんもん》では、これに続いて、開近顕遠《かいごんけんのん》が説《と》かれて久遠実成《くおんじつじょう》が明かされ、久遠の仏の本果《ほんが》が示されるとともに、その因《いん》となる菩薩《ぼさつ》を代表とする九界の本因《ほんいん》も示され、十界の久遠常住《じょうじゅう》が示された。さらに、久遠の本仏《ほんぶつ》の本土《ほんど》が娑婆世界《しゃばせかい》の上に現《あらわ》れる常寂光土《じょうじゃっこうど》であることが明かされ、真実の国土世間《こくどせけん》が示された。これによって三世間《さんせけん》もすべて明らかになった。

このことを本抄では簡潔《かんけつ》に「十界久遠《じっかいくおん》の上に国土世間既《こくどせけんすで》に顕《あらわ》れ、一念三千《いちねんさんぜん》ほとんど竹膜《ちくまく》を隔《へだ》つ」と表現されているが、この「竹膜」の意味については古来《こらい》さまざまな解釈《かいしゃく》が施《ほどこ》されてきた。

法華経本門《ほんもん》で十界互具《じっかいごぐ》・十如是《じゅうにょぜ》・三世間《さんせけん》という要素《ようそ》が明確《めいかく》に現《あらわ》れたことによって、一念《いちねん》三千《さんぜん》の法門に肉薄《にくはく》しているさまを「ほとんど竹の薄《うす》い膜《まく》で隔《へだ》てられているほど」とされているとの考えや、あるいは、後に「事行《じぎょう》の南無妙法蓮華経の五字ならびに本門の本尊《ほんぞん》」（新一四五ジペー・全二五三ジペー）と仰《おお》せの末法《まっぽう》の衆生《しゅじょう》の観心《かんじん》としての一念三千の法門が明示されていない様子を表していると考えたものなど、種々検討《しゅじゅけんとう》されてきた。

なお、日寛上人《にちかんしょうにん》は、この後に明かされていく文底下種《もんていげしゅ》の教えの議論を先取りして、本門《ほんもん》と迹門《しゃくもん》の相違《そうい》は、下種益《げしゅやく》の妙法の立場から拝《はい》すればわずかな差であると解釈《かいしゃく》した。

第24章　文底下種三段《もんていげしゅさんだん》の序分《じょぶん》・正宗分《しょうしゅうぶん》を明かす

（新一三八ページ七行目〜十五行目）
（全二四九ページ五行目〜十行目）

また、本門《ほんもん》の立場から見ると、仏教のすべての教えの中に序分《じょぶん》・正宗分《しょうしゅうぶん》・流《る》通分《つうぶん》がある。過去の大通智勝仏《だいつうちしょうぶつ》の法華経をはじめ、釈尊《しゃくそん》が今世《こんぜ》で説《と》いた華厳経《けごんぎょう》から法華経迹門《しゃくもん》十四品《ほん》・涅槃経《ねはんぎょう》などに至《いた》るまでの五十年余《あま》りの諸経《しょきょう》、および十方《じっぽう》の世界の三世《さんぜ》の仏たちが説いた膨大《ぼうだい》な数の経典は、すべて寿量品《じゅりょうほん》の序分である。

寿量品《じゅりょうほん》を中心とする一品二半《いっぽんにはん》以外はすべて、小乗教《しょうじょうきょう》、邪教《じゃきょう》であり、成仏《じょうぶつ》できない教え、真実を覆《おお》い隠《かく》した教えである。これらの教えに執着《しゅうちゃく》する者の機根《きこん》がどのようなものかと言うと、「福徳《ふくとく》は薄《うす》く、煩悩《ぼんのう》の垢《あか》は積み重なっていて」「幼《よう》稚《ち》」であり、「貧《まず》しく、孤独《こどく》で頼《たよ》りとするところがなく」「鳥や獣《けもの》に等しい」〈注1〉のである。

爾前経《にぜんきょう》や迹門《しゃくもん》の中の円教《えんぎょう》でも、成仏《じょうぶつ》の因《いん》とはならない。まして大日経《だいにちきょう》などの小乗教《しょうじょうきょう》〈注2〉の経典については、言うまでもない。まして華厳宗《けごんしゅう》・真言宗《しんごんしゅう》をはじめとする七宗《しちしゅう》などインドの大学者や中国・日本の学者が立てた宗に至《いた》っては、あらためて言うまでもない。高く評価《ひょうか》しても蔵教《ぞうきょう》・通教《つうぎょう》・別教《べっきょう》の三教の水準《すいじゅん》にとどまる。厳《きび》しく言えば蔵教・通教と同じである。

たとえ華厳宗《けごんしゅう》などの諸宗《しょしゅう》が、自分たちの教えについて非常《ひじょう》に深いと称賛《しょうさん》したとしても、仏種《ぶっしゅ》を下《お》ろし、それを成熟《せいじゅく》させ、成仏《じょうぶつ》させるという、仏が衆生《しゅじょう》を導《みちび》く過程《かてい》を論じていないのである。

「かえって、小乗教《しょうじょうきょう》の『灰断《けだん》（自身の存在を心身ともに完全に消滅《しょうめつ》させること）』と同じである。仏が衆生《しゅじょう》を導《みちび》く過程《かてい》の始まりと終わりが明かされていない」との『法《ほっ》華文句記《けもんぐき》』〈注3〉の言葉は、このことである。譬《たと》えを示《しめ》せば、王女であっても動物の子を懐妊《かいにん》すれば、その子は旃陀羅《せんだら》〈注4〉よりも下の身分とされるようなものである〈注5〉。これらの点については、ここでは触《ふ》れないことにしよう。

◇注　解◇

〈注1〉**【「福徳《ふくとく》は薄《うす》く……獣《けもの》に等しい」】** 御書本文は「徳薄《とくはく》・垢重《くじゅう》・幼稚《ようち》・貧窮《びんぐ》・孤露《ころ》にして禽獣《きんじゅう》に同《どう》ずるなり」（新一三八ページ・全二四九ページ）。「徳薄・垢重」「貧窮」「孤露」は法華経如《にょ》来寿量品《らいじゅりょうほん》の言葉。「幼稚」「禽獣に同ずる」は譬喩品《ひゆほん》を踏《ふ》まえた言葉。いずれも釈尊滅後《しゃくそんめつご》の人々の様相を言ったもの。

〈注2〉**【大日経《だいにちきょう》などの小乗教《しょうじょうきょう》】** 大小相対《だいしょうそうたい》では、大日経などは大乗《だいじょう》とされるが、真の大乗である法華経と比較《ひかく》すれば、それより劣《おと》った小乗教とされる。

〈注3〉**【『法華文句記《ほっけもんぐき》』】** 妙楽大師湛然《みょうらくだいしたんねん》による『法華文句《ほっけもんぐ》』の注釈書《ちゅうしゃくしょ》。十巻（または三十巻）。

〈注4〉**【旃陀羅《せんだら》】** サンスクリットのチャンダーラの音写。古代インドの身分制度《みぶんせいど》で四つの身分のさらに下とされた最下層《さいかそう》の身分。

〈注5〉**【王女であっても……下の身分とされるようなものである】** 仏種《ぶっしゅ》の法ではないものを信受《しんじゅ》すれば、どんなに機根《きこん》の優《すぐ》れた人であっても、最悪・最低の境涯《きょうがい》になってしまうことを譬《たと》えている。

第9段　文底下種三段《もんていげしゅさんだん》の流通分《るつうぶん》を明かす

（新一三八ページ十六行目〜一四三ページ十三行目）
（全二四九ページ十行目〜二五二ページ十七行目）

第25章　法華経で成仏《じょうぶつ》する対象《たいしょう》の中心

（新一三八ページ十六行目〜一三九ページ十行目）
（全二四九ページ十行目〜十七行目）

迹門《しゃくもん》十四品《ほん》の正宗分《しょうしゅうぶん》である八品《はっぽん》は、表面的には、まさに二乗《にじょう》をその教えによって導《みちび》く対象《たいしょう》とし、菩薩《ぼさつ》・凡夫《ぼんぷ》を付随的《ふずいてき》な対象としているように見える。しかし、さらに立ち入ってよくよく調べれば、まさに凡夫を対象とし、また釈尊《しゃくそん》が亡《な》くなった後の正法《しょうほう》・像法《ぞうほう》・末法《まっぽう》の時代を中心としている。その三つの時代の中でも、末法の時代の初めを中心の中の中心としている。

問う。その証拠《しょうこ》は何か。

（新139）

答える。法師品《ほっしほん》には「しかも、この法華経は、釈尊《しゃくそん》の存命中《ぞんめいちゅう》でも、なお反発が多い。まして亡《な》くなった後には、なおさらのことだろう」とある。宝塔品《ほうとうほん》には「この妙法《みょうほう》を長期にわたって存続《そんぞく》させるのである。〈中略〉ここに集まった化身《けしん》の仏〈注1〉たちは、（法華経を持《たも》とうと誓《ちか》う者たちの）意志を知ることだろう」とある。そのほか、勧持品《かんじほん》や安楽行品《あんらくぎょうほん》などの文《もん》も参照《さんしょう》するのがよい。迹門《しゃくもん》はこの通り、末法《まっぽう》の時代の凡夫《ぼんぷ》のために説《と》かれたのである。

本門《ほんもん》はどうかと言うと、まさにただ末法の時代の初めの衆生《しゅじょう》だけを教えの対象《たいしょう》としている。すなわち本門は、表面的には久遠《くおん》の仏種《ぶっしゅ》を下種《げしゅ》とし、大通智勝仏《だいつうちしょうぶつ》の時の結縁《けちえん》、前四味《ぜんしみ》の教え、迹門《しゃくもん》の教え、これらによって衆生の機根《きこん》を成熟《せいじゅく》させ、本門に至《いた》って等覚《とうがく》・妙覚《みょうかく》〈注2〉の境地《きょうち》に登らせたのである。

しかし、さらに立ち入って考えれば、迹門《しゃくもん》とは異《こと》なり、本門《ほんもん》は序分《じょぶん》・正宗分《しょうしゅうぶん》・流通分《るつうぶん》すべてが末法《まっぽう》の時代の初めのために説《と》かれたのである〈注3〉。釈尊《しゃくそん》の存命中《ぞんめいちゅう》の本門の教えと末法の時代の初めの教えは、どちらも方便《ほうべん》が混《ま》じらない純粋《じゅんすい》な円教《えんぎょう》である。ただし、存命中の本門はすでに仏種《ぶっしゅ》を下《お》ろされた人々を成仏《じょうぶつ》させる教えであるのに対し、末法の時代の初めには直ちに仏種を下ろす教えなのである。存命中の本門は一品二半《いっぽんにはん》であるのに対し、末法の時代の初めにはただ題目《だいもく》の五字だけである〈注4〉。

◇注　解◇

〈注1〉【化身《けしん》の仏】特定の衆生《しゅじょう》を救《すく》うために彼らに応《おう》じた姿《すがた》を現《あらわ》した仏。ここでは、十方《じっぽう》の世界の分身《ふんじん》の仏たちのこと。

〈注2〉【等覚《とうがく》・妙覚《みょうかく》】菩薩《ぼさつ》の修行段階である五十二位《ごじゅうにい》のうちの最後の二段階。等覚とは、修行を完成して間もなく妙覚の仏果《ぶっか》を得ようとする段階。これに対して、妙覚は仏の境地《きょうち》そのもの。

〈注3〉ここでは迹門《しゃくもん》と本門《ほんもん》が滅後弘通《めつごぐつう》のためであることが示されるが、これは代表して示しただけである。釈尊《しゃくそん》の一代聖教《いちだいしょうぎょう》および三世十方《さんぜじっぽう》の諸仏《しょぶつ》の微塵《みじん》の経々《きょうぎょう》がすべて南無妙法蓮華経を弘《ひろ》めるために用《もち》いられるので、これらすべてが「流通分《るつうぶん》」であると考えられる。ただし、序分《じょぶん》と流通分《るつうぶん》では、末法《まっぽう》の衆生《しゅじょう》のための下種益《げしゅやく》の妙法《みょうほう》が説き現《あらわ》されていない段階の序分と、説き現された後に妙法を説明するために用《もち》いられる一切《いっさい》の経々《きょうぎょう》の流通分との違《ちが》いがある。

〈注4〉「存命中《ぞんめいちゅう》の本門《ほんもん》の教え」の正宗分《しょうしゅうぶん》は「一品二半《いっぽんにはん》」であるのに対して、「末法《まっぽう》の時代の初めの教え」の正宗分は「ただ題目《だいもく》の五字」である。在世《ざいせ》の調熟《じょうじゅく》された衆生《しゅじょう》の脱益《だっちゃく》のためには、常住《じょうじゅう》の仏と衆生と国土を明かして一念三千《いちねんさんぜん》を完成させる一品二半《いっぽんにはん》で十分であるが、末法《まっぽう》の凡夫《ぼんぷ》の下種益《げしゅやく》のためには、仏種《ぶっしゅ》である事《じ》の一念三千、南無妙法蓮華経を直ちに説き聞かせて信受《しんじゅ》させることが必要なのである。

第26章　本門《ほんもん》の序分《じょぶん》の文《もん》を引く

（新一三九ページ十一行目〜一四〇ページ十一行目）
（全二四九ページ十八行目〜二五〇ページ十三行目）

問う。法華経本門《ほんもん》が序分《じょぶん》・正宗分《しょうしゅうぶん》・流通分《るつうぶん》ともに末法《まっぽう》の時代の初めのために説《と》かれたという証拠《しょうこ》の文《もん》は何か。

答える。まず序分《じょぶん》については、涌出品《ゆじゅっぽん》に次のようにある。

「その時、娑婆世界《しゃばせかい》以外の国土から来た八恒河沙《はちごうがしゃ》〈注1〉を超《こ》える多数の菩薩《ぼさつ》たちが、法華経の説法《せっぽう》に集まった人々の中で立ち上がり、合掌《がっしょう》し礼をして釈尊《しゃくそん》に申し上げた。『釈尊、もし私たちに、釈尊の亡《な》くなられた後にこの娑婆世界で懸命《けんめい》に力《ちから》を尽《つ》くして法華経を持《たも》ち読誦《どくじゅ》し書写し供養《くよう》することをお許《ゆる》しくださるなら、この世界で法華経を詳《くわ》しく説《と》いてまいります』と。

その時、釈尊《しゃくそん》は偉大《いだい》な修行者である菩薩《ぼさつ》たちに告《つ》げた。『弟子たちよ、もうよい。あなたたちがこの法華経を持《たも》つには及《およ》ばない』と」

（新140）

この涌出品《ゆじゅっぽん》の経文《きょうもん》は、法師品《ほっしほん》から安楽行品《あんらくぎょうほん》までの五品《ほん》の経文とは、水と火のように、まったく反対のことを言っている。

たとえば宝塔品《ほうとうほん》の最後には、「釈尊《しゃくそん》は大きな声で、出家《しゅっけ》・在家《ざいけ》の男女のすべてに告《つ》げた。『誰《だれ》か、この娑婆世界《しゃばせかい》で法華経を詳《くわ》しく説《と》くことのできる者はいないのか』」とある。

もし仮《かり》に教主である釈尊《しゃくそん》ただ一人の勧《すす》めであったとしても、薬王《やくおう》などの大菩《だいぼ》薩《さつ》、梵天《ぼんてん》・帝釈《たいしゃく》、日天《にってん》・月天《がってん》、四天王《してんのう》などはこの勧めを重んじなければならないのに、その上、多宝仏《たほうぶつ》、十方《じっぽう》の世界の仏たちもこの法華経の説法《せっぽう》の座《ざ》に来られて、釈尊が亡《な》くなられた後の弘教《ぐきょう》を強く訴《うった》えたのである。菩薩たちは釈尊が法華経を丁重《ていちょう》に弟子たちに託《たく》そうとするのを聞いて「私たちは身も命も惜《お》しまない」（勧持品《かんじほん》）との誓《ちか》いを立てた。それは、ただただ釈尊の心に応《こた》えようとしたためである。

ところが、わずかの間に釈尊《しゃくそん》の言葉は一転《いってん》して、八恒河沙《はちごうがしゃ》を超《こ》える多数の菩《ぼ》薩《さつ》たちがこの娑婆世界《しゃばせかい》で弘教《ぐきょう》することを制止《せいし》したのである。もはや、なすすべもない。凡夫《ぼんぷ》の智慧《ちえ》では理解のしようがない。

これについて天台大師《てんだいだいし》は、前三後三《ぜんさんごさん》〈注2〉という六点にわたる解釈《かいしゃく》を示《しめ》し、この難題《なんだい》を解決《かいけつ》した。結局のところ、迹仏《しゃくぶつ》や他方《たほう》の仏の弟子である大菩薩《だいぼさつ》らに対し、釈尊《しゃくそん》自身の内証《ないしょう》の寿量品《じゅりょうほん》〈注3〉を授与《じゅよ》することはできないのである。

末法《まっぽう》の時代の初めは国土に謗法《ほうぼう》が充満《じゅうまん》し、衆生《しゅじょう》の機根《きこん》も悪いので、迹仏《しゃくぶつ》や他《た》方《ほう》の仏の弟子である菩薩《ぼさつ》たちを制止《せいし》して、無数の地涌《じゆ》の大菩薩を呼《よ》び出《だ》し、寿《じゅ》量品《りょうほん》の肝心《かんじん》である妙法蓮華経《みょうほうれんげきょう》の五字をこの全世界の衆生に授与《じゅよ》するようにしてくださったのである。さらに言えば、迹仏の弟子である人々は久遠《くおん》の過去に成《じょう》仏《ぶつ》した釈尊《しゃくそん》を師《し》として仏道修行《ぶつどうしゅぎょう》に入った弟子ではないなどの理由からである。

天台大師《てんだいだいし》は「この地涌《じゆ》の菩薩《ぼさつ》は、私（釈尊《しゃくそん》）の弟子であり、私の法を弘《ひろ》めるのが当然《とうぜん》である」（『法華文句《ほっけもんぐ》』）との意味であると言っている。

また、妙楽《みょうらく》は「子が父の法を弘《ひろ》めるから、世界悉檀《せかいしつだん》〈注4〉の利益《りやく》がある」

（『法華文句記《ほっけもんぐき》』）と言う。

また、『法華文句輔正記《ほっけもんぐふしょうき》』〈注5〉には「法が久遠《くおん》の釈尊《しゃくそん》が説《と》いた法であるから、久遠の釈尊の弟子である地涌《じゆ》の菩薩《ぼさつ》に託《たく》したのである」とある。

◇注　解◇

〈注1〉【八恒河沙《はちごうがしゃ》】恒河（ガンジス川）の砂の数の八倍ほど多数の意。

〈注2〉【前三後三《ぜんさんごさん》】天台大師智顗《てんだいだいしちぎ》は『法華文句《ほっけもんぐ》』巻九上で、他方《たほう》の菩薩《ぼさつ》の弘通《ぐつう》を制止《せいし》する理由を三つ（前三）挙《あ》げ、それに続いて地涌《じゆ》の菩薩を呼び出す理由を三つ（後三）示している。前三義は、①他方の菩薩はそれぞれの土《ど》において自己の任務《にんむ》があること②他方の菩薩は娑婆世界《しゃばせかい》との結縁《けちえん》が薄《うす》いこと③他方の菩薩に弘法《ぐほう》を許《ゆる》せば、地涌の菩薩を召《め》し出《だ》すことができず、迹《しゃく》を破《は》し久遠《くおん》を顕《あらわ》すこと（開近顕遠《かいごんけんのん》＝始成正覚《しじょうしょうがく》を開いて久遠実成《くおんじつじょう》を顕すこと）ができなくなることをいう。後三義は、①地涌の菩薩は久遠の仏の本眷属《ほんけんぞく》であること②地涌の菩薩は娑婆世界に結縁深厚《じんこう》であること③地涌の菩薩を召し出すことによって開近顕遠を示すことができることをいう。

〈注3〉【内証の寿量品《ないしょうのじゅりょうほん》】内証とは、仏や菩薩《ぼさつ》が内面に得ている覚《さと》り、またその境地《きょうち》。内証の寿量品とは、久遠実成《くおんじつじょう》の釈尊《しゃくそん》の内証を納めた寿量品のこと。

〈注4〉【世界悉檀《せかいしつだん》】仏の説いた教えを四種に分類した四悉檀《ししつだん》の一つ。その世間《せけん》（社会）の人々の求《もと》めるものに応《おう》じて法を説いて教化《きょうけ》すること。ここでは、娑婆《しゃば》世界の衆生《しゅじょう》にかなった利益《りやく》があること。

〈注5〉【『法華文句輔正記《ほっけもんぐふしょうき》』】中国・唐《とう》の僧・道暹《どうせん》による著作。『法華文句《ほっけもんぐ》』『法華文句記《ほっけもんぐき》』の注釈書《ちゅうしゃくしょ》。十巻。

第27章　本門《ほんもん》の正宗分《しょうしゅうぶん》の文《もん》を引く

（新一四〇ページ十二行目〜一四一ページ十五行目）
（全二五〇ページ十四行目〜二五一ページ十行目）

①寿量品《じゅりょうほん》は滅後《めつご》のための法門

次に本門《ほんもん》の正宗分《しょうしゅうぶん》について見れば、まず、弥勒菩薩《みろくぼさつ》は地涌《じゆ》の菩薩の出現について疑問《ぎもん》を晴らしてほしいと思い、質問《しつもん》した。

（新一四〇ページ十二行目〜一四一ページ九行目）
（全二五〇ページ十四行目〜二五一ページ六行目）

法華経には次のようにある。

「私たちは、『釈尊《しゃくそん》が衆生《しゅじょう》の機根《きこん》にしたがってお説《と》きになった教え（随宜《ずいぎ》の所説《しょせつ》）や、釈尊が発言されたお言葉は、いまだかつて偽《いつわ》りだったことはない。釈尊の知識《ちしき》はあらゆることに通じていらっしゃる』と信じることができるにしても、仏道修行《ぶつどうしゅぎょう》を始めて間もない菩薩《ぼさつ》たちが釈尊の亡《な》くなった後に、『この無数の地涌《じゆ》の菩薩は、私が仏になってからすべて教化《きょうけ》した』との釈尊のお言葉を聞いたとしますと、場合によっては、その言葉を信じられず、かえって正しい教えを否定《ひてい》するという罪業《ざいごう》を作る原因となってしまうでしょう。釈尊、どうか、私たちのために説明して私たちの疑《うたが》いを取り除《のぞ》いてください。さらに未来の世の仏弟子《ぶつでし》たちも、その説明を聞けば、疑いを生じないでしょう」（従地涌出品《じゅうじゆじゅっぽん》）

この経文《きょうもん》の意味は、寿量品《じゅりょうほん》の法門は、釈尊《しゃくそん》が亡《な》くなった後の衆生《しゅじょう》のために説《と》くよう弥勒《みろく》が要請《ようせい》した、ということである。

次に、寿量品《じゅりょうほん》には「毒《どく》を飲んだ子どもたちの中には、本心を失《うしな》った者と、本心を失わなかった者がいた。〈中略〉本心を失わなかった者は、良医《りょうい》である父が与《あた》えた良薬《りょうやく》を見て、色も香《かお》りもどちらもすばらしいのですぐに飲んでみたところ、病はすっかり治《なお》ってしまった」とある。

これは、久遠《くおん》の昔に仏種《ぶっしゅ》を下《お》ろされ、大通智勝仏《だいつうちしょうぶつ》の時代の結縁《けちえん》を経《へ》て、それ以来、前四味《ぜんしみ》の教え、法華経迹門《しゃくもん》の教えに至《いた》るまで教化《きょうけ》を受けてきたあらゆる菩薩《ぼさつ》・二乗《にじょう》や人界《にんかい》・天界《てんかい》の衆生《しゅじょう》たちのうち、本門《ほんもん》で成仏《じょうぶつ》した者のことを示《しめ》しているのである。

法華経には次のようにもある。

「その他の、本心を失《うしな》ってしまった者は、自分たちの父が帰ってきたのを見て喜《よろこ》んで出迎《でむか》え、病を治《なお》してほしいと求《もと》めたが、父が良薬《りょうやく》を与《あた》えても決して飲もうとしなかった。なぜかと言うと、毒《どく》が深く回って本心を失ったために、すばらしい色と香《かお》りをそなえた薬をおいしくないと思ったのである。〈中略〉父は思った。『私はここで手だてを講《こう》じ、この薬を飲ませよう』と。〈中略〉そして父は子どもたちに語った。『このすばらしい良薬を今ここに残しておく。お前たちは、この薬を飲みなさい。病気が治らないのではないか、と心配することはない』と。このように教えた後、父は再《ふたた》び他国へと赴《おもむ》いた。やがてその国から使いを遣《つか》わして告《つ》げさせた」（如来寿量品《にょらいじゅりょうほん》）

また、分別功徳品《ふんべつくどくほん》には「悪世末法《あくせまっぽう》の時」とある。

②流通《るつう》の人と法を明かす

（新一四一ページ十行目〜十五行目）
（全二五一ページ七行目〜十行目）

問う。この経文《きょうもん》にある「使いを遣《つか》わして告げさせた」とは、何を意味しているのか。

答える。「使い」というのは四依《しえ》のことである。

この四依には、小乗《しょうじょう》・権大乗《ごんだいじょう》・（法華経の）迹門《しゃくもん》・本門《ほんもん》の四種類がある。第一に小乗の四依は、大部分が正法《しょうほう》の時代のうち前半の五百年に出現した。第二に権大乗の四依は、大部分が正法の時代のうち後半の五百年に出現した。第三に迹門の四依は、大部分が像法《ぞうほう》の時代の一千年に出現し、一部が末法《まっぽう》の時代の初めに現《あらわ》れた。第四に本門の四依である無数の地涌《じゆ》の菩薩《ぼさつ》は、末法の時代の初めに必《かなら》ず出現するのである。

今述《の》べた寿量品《じゅりょうほん》の「使いを遣《つか》わして告げさせた」とは地涌《じゆ》の菩薩《ぼさつ》を指している。「このすばらしい良薬《りょうやく》」とは、寿量品の肝心《かんじん》であり、名《みょう》・体《たい》・宗《しゅう》・用《ゆう》・教《きょう》のすべてを具《そな》えた南無妙法蓮華経〈注1〉である。この良薬については、仏は迹《しゃく》仏《ぶつ》の弟子である菩薩にも与《あた》えなかった。まして、他方《たほう》の仏の弟子である菩薩は言うまでもない。

◇注　解◇

〈注1〉**【名《みょう》・体《たい》・宗《しゅう》・用《ゆう》・教《きょう》のすべてを具《そな》えた南無妙法蓮華経】** 南無妙法蓮華経は単なる法華経の題名ではなく、名・体・宗・用・教の五つの観点からみた深遠《しんえん》な意義がすべて具わっているということ。名・体・宗・用・教とは、①名称《めいしょう》（名）②仏教の真理そのもの（体）③教主である仏の成仏《じょうぶつ》の因果《いんが》（宗）④教えの働《はたら》き・利益《りやく》（用）⑤教えの様相・特色・異同《いどう》（教）のこと。

第28章　本門《ほんもん》の流通分《るつうぶん》の文《もん》を引く

（新一四一ジペー十六行目～一四三ジペー十三行目）
（全二五一ジペー十一行目～二五二ジペー十七行目）

①別付嘱《べつふぞく》の文《もん》を引く

（新一四一ジペー十六行目～一四三ジペー七行目）
（全二五一ジペー十一行目～二五二ジペー十二行目）

神力品《じんりきほん》に、次のように説《と》かれている。

「その時、千世界《せんせかい》〈注1〉を砕《くだ》いてできる塵《ちり》の数ほど無数の、大地から涌《わ》き出《で》た偉大《いだい》な修行者である菩薩《ぼさつ》たちは、皆《みな》、釈尊《しゃくそん》の前で心を一つにして合掌《がっしょう》し、お顔を仰《あお》ぎ見て申し上げた。『釈尊、私たちは釈尊がお亡《な》くなりになった後、釈尊の分身《ふんじん》の仏たちがいる国土とその仏たちがお亡くなりになった場所で、法華経を詳《くわ》しく説《と》きます』と」

天台大師《てんだいだいし》はこの経文《きょうもん》について「下方から涌《わ》き出《で》た地涌《じゆ》の菩薩《ぼさつ》が、釈尊《しゃくそん》の亡《な》くなった後に弘教《ぐきょう》するという誓《ちか》いを立てたことだけが説《と》かれている」（『法華文句《ほっけもんぐ》』）といい、道暹《どうせん》は「神力品《じんりきほん》の『付嘱《ふぞく》』は、この経を地涌の菩薩だけに託《たく》したのである。なぜ、そうなのか。法が久遠《くおん》の釈尊が説いた法であるから、久遠の釈尊の弟子である地涌の菩薩に託したのである」（『法華文句輔正記《ほっけもんぐふしょうき》』）と言っている。

そもそも、文殊師利菩薩《もんじゅしりぼさつ》は東方の金色世界《こんじきせかい》の不動仏《ふどうぶつ》〈注2〉の弟子であり、観音菩薩《かんのんぼさつ》は西方《さいほう》の無量寿仏《むりょうじゅぶつ》（阿弥陀仏《あみだぶつ》）〈注3〉の弟子である。薬王《やくおう》菩薩は日月浄明徳仏《にちがつじょうみょうとくぶつ》〈注4〉の弟子であり、普賢《ふげん》菩薩は宝威徳上王仏《ほういとくじょうおうぶつ》〈注5〉の弟子である。表面的に見れば、これらの菩薩は、釈尊《しゃくそん》の説法《せっぽう》・教化《きょうけ》を助けるために娑婆《しゃば》世界にやって来たのである。しかし、一方では爾前《にぜん》・迹門《しゃくもん》の菩薩である。この久遠《くおん》の法を持《たも》っている人ではないので、末法《まっぽう》の時代にこの法を弘《ひろ》めるのにふさわしくないのだろうか。

また、法華経には「その時、釈尊《しゃくそん》は〈中略〉あらゆる聴衆《ちょうしゅう》の前で、大神力《だいじんりき》を発揮《はっき》された。広く長い舌《した》を出して空高く梵天《ぼんてん》まで届《とど》かせた。〈中略〉十方《じっぽう》の世界からやって来て、多くの宝樹《ほうじゅ》の下《もと》の、師子《しし》の座《ざ》にすわっている仏たちも同じように広く長い舌を出されたのである」（如来神力品《にょらいじんりきほん》）とある。

釈尊《しゃくそん》が説《と》かれた、顕教《けんきょう》・密教《みっきょう》という二種類の教え、あらゆる大乗経《だいじょうきょう》・小乗経《しょうじょうきょう》の中で、釈尊と他の仏たちが同じ場に座《すわ》って、広く長い舌《した》を梵天《ぼんてん》まで届《とど》かせたという経文《きょうもん》は法華経以外にはない。阿弥陀経《あみだきょう》には仏たちの広く長い舌が三千大千世界《さんぜんだいせんせかい》を覆《おお》ったとあるが、この保証《ほしょう》は有名無実《ゆうめいむじつ》である。般若経《はんにゃきょう》には釈尊の広く長い舌が三千大千世界を覆い、その舌から光を放って経を説いたとあるが、般若経が真実であることを保証するものではまったくない〈注6〉。これらの経はどれも、方便《ほうべん》が混《ま》じっているからであり、久遠実成《くおんじつじょう》という真実を覆い隠《かく》しているからである。

このように、十種の神力《じんりき》〈注8〉を発揮《はっき》したのち、地涌《じゆ》の菩薩《ぼさつ》に妙法蓮華経《みょうほうれんげきょう》の五字を託《たく》された。

法華経には次のようにある。

「その時に仏（釈尊《しゃくそん》）は上行《じょうぎょう》ら多数の菩薩《ぼさつ》たちに告《つ》げられた。『仏たちの神力《じんりき》はこのように無限《むげん》であり、考えることもできないものである。もし、私が、この神力を用《もち》いて、無量無辺百千万億阿僧祇劫《むりょうむへんひゃくせんまんおくあそうぎこう》の間、法華経を託《たく》すために、この経《きょう》の功徳《くどく》を説《と》こうとしても、説き尽《つ》くすことは到底《とうてい》できない。その要点《ようてん》を言えば、如来《にょらい》が所有《しょゆう》する法のすべて、何ものにも束縛《そくばく》されない如来の神力のすべて、如来が秘蔵《ひぞう》するもののすべて、如来の深遠な境地《きょうち》〈注9〉のすべては、いずれもこの経ではっきりと述《の》べたのである』と」（如来神力品《にょらいじんりきほん》）

この経文《きょうもん》について、天台大師《てんだいだいし》は「『その時に仏（釈尊《しゃくそん》）は上行《じょうぎょう》ら多数の菩薩《ぼさつ》たちに告《つ》げられた』から後の部分は、神力品《じんりきほん》の第三段〈注10〉の結要付嘱《けっちょうふぞく》〈注11〉である」（『法華文句《ほっけもんぐ》』）**と言っている。**

伝教大師《でんぎょうだいし》は「また神力品《じんりきほん》には『その要点《ようてん》を言えば、如来《にょらい》が所有《しょゆう》する法のすべて〈中略〉は、はっきりと述《の》べたのである』とある。これによって、次のことがはっきりと分かる。すなわち、仏果《ぶっか》として所有する法のすべて、仏果としての何ものにも束縛《そくばく》されない神力《じんりき》のすべて、仏果として得た秘蔵《ひぞう》するもののすべて、仏果として得た深遠な境地《きょうち》のすべてが、皆《みな》、法華経ではっきりと述べられたのである」（『法華秀句《ほっけしゅうく》』）と言っている。

この十種の神力《じんりき》は、妙法蓮華経《みょうほうれんげきょう》の五字を、上行《じょうぎょう》・安立行《あんりゅうぎょう》・浄行《じょうぎょう》・無辺行《むへんぎょう》の四《し》大菩薩《だいぼさつ》に授与《じゅよ》するために現《あらわ》されたのである。このうち前の五つの神力は釈尊《しゃくそん》の存命中《ぞんめいちゅう》の人々のためであり、後の五つの神力は釈尊が亡《な》くなった後のためである。

しかし、さらに立ち入って論ずれば、すべて亡《な》くなった後のためである。故《ゆえ》に、その後の経文《きょうもん》には「釈尊《しゃくそん》が亡くなった後に衆生《しゅじょう》がこの経を持《たも》つだろうから、すべての仏が、皆《みな》、歓喜《かんき》し無量《むりょう》の神力《じんりき》を発揮《はっき》したのである」とある。

②総付嘱《そうふぞく》・捃拾遺嘱《くんじゅういぞく》を明かす

神力品《じんりきほん》の次の嘱累品《ぞくるいほん》には「その時に釈尊《しゃくそん》は説法《せっぽう》の座《ざ》から立ち上がって、大神《だいじん》力《りき》を発揮《はっき》された。右の手で無数の偉大《いだい》な修行者である菩薩《ぼさつ》たちの頭をなで、〈中略〉『今、あなたたちに託《たく》す』と語った」とある。

（新一四三ジペー八行目〜十三行目）
（全二五二ジペー十三行目〜十七行目）

これは、地涌《じゆ》の菩薩《ぼさつ》を筆頭《ひっとう》に、迹仏《しゃくぶつ》や他方《たほう》の仏の弟子である菩薩たちから梵《ぼん》天《てん》・帝釈《たいしゃく》、四天王《してんのう》らに至《いた》るまで、すべての者にこの経《きょう》を託《たく》されたのである。

この後、「十方《じっぽう》の世界から参集《さんしゅう》していた分身《ふんじん》の仏たちをそれぞれの本土に帰らせようとして、〈中略〉釈尊《しゃくそん》は『多宝仏《たほうぶつ》の塔《とう》ももとのところにお戻《もど》りください』と語った」とある。

その後、薬王品《やくおうほん》以後の諸品《しょほん》や涅槃経《ねはんぎょう》などでは、地涌《じゆ》の菩薩《ぼさつ》が去《さ》った後、迹仏《しゃくぶつ》や他方《たほう》の仏の弟子である菩薩たちのために再度《さいど》この経《きょう》を託《たく》された。捃拾《くんじゅう》遺嘱《いぞく》〈注12〉とは、このことである。

◇注　解◇

〈注1〉**【千世界《せんせかい》】** 須弥山《しゅみせん》を中心とした太陽・月、地上・天上などを含《ふく》む一世界が、一千集まったものが「千世界」。それを小千世界として、小千世界が千集まったものが中千世界、さらに中千世界が千集まったものが三千大千世界である。「三千」は千の三乗の意。御書本文、また鳩摩羅什《くまらじゅう》訳の妙法蓮華経《みょうほうれんげきょう》では「千世界」となっているが、サンスクリットの写本《しゃほん》によっては、「三千世界」、あるいは「三千大千世界」となっているものもある。

〈注2〉**【東方の金色世界《こんじきせかい》の不動仏《ふどうぶつ》】** 華厳経《けごんぎょう》に説かれる東方金色世界の不動智仏《ふどうちぶつ》のこと。文殊師利菩薩《もんじゅしりぼさつ》は、この不動智仏の弟子とされた。

〈注3〉**【西方《さいほう》の無量寿仏《むりょうじゅぶつ》（阿弥陀仏《あみだぶつ》）】** 阿弥陀仏の別名。西方の極楽《ごくらく》（安養《あんよう》）世界の教主。

〈注4〉**【日月浄明徳仏《にちがつじょうみょうとくぶつ》】** 法華経薬王菩薩本事品《やくおうぼさつほんじほん》第二十三に説かれる過去世の仏。薬王菩薩が過去世に一切衆生喜見菩薩《いっさいしゅじょうきけん》として修行をしていた時の師。

〈注5〉**【宝威徳上王仏《ほういとくじょうおうぶつ》】** 東方の浄妙国《じょうみょうこく》の仏。

〈注6〉**【阿弥陀経《あみだきょう》には……保証《ほしょう》するものではまったくない】** 阿弥陀経には東西南北上下の六方の諸仏《しょぶつ》がそれぞれの国土にあって、広長舌相《こうちょうぜっそう》を現じ三千大千世界を覆《おお》ったと説かれている。また大般若波羅蜜多経《だいはんにゃはらみったきょう》には、釈尊《しゃくそん》が広長舌相を現じて三千大千世界を覆い、その舌《した》より無数の色光《しきこう》を出して十方の諸仏世界を照《て》らしたとある。阿弥陀経の場合は、この世界の実仏《じつぶつ》によるものではないから「有名無実《ゆうめいむじつ》」であり、般若経の場合は諸仏による保証とはなっていないので、法華経如来神力品《にょらいじんりきほん》の広長舌相とは比較《ひかく》にならないと破折《はしゃく》されている。

〈注7〉【久遠実成《くおんじつじょう》という真実を覆《おお》い隠《かく》している】　御真筆《ごしんぴつ》は「覆相久遠」。伝統的に「覆相《ふそう》」を一語の動詞のように扱《あつか》い、「久遠を覆相する」と読み下してきた。

〈注8〉【十種の神力《じんりき》】　法華経如来神力品《にょらいじんりきほん》第二十一では、地涌《じゆ》の菩薩《ぼさつ》が釈尊滅後《しゃくそんめつご》の法華経弘《ぐ》通《つう》を誓《ちか》うが、これに釈尊が応《おう》じて付嘱《ふぞく》するのに先立ち、その意義の重大さを示すために現《あらわ》した十種の神通力《じんずうりき》の様相のこと。十方《じっぽう》の世界を舞台《ぶたい》とする壮大《そうだい》な瑞相《ずいそう》である。

〈注9〉【如来《にょらい》の深遠な境地《きょうち》】　御書本文は「如来の一切《いっさい》の甚深《じんじん》の事《じ》」（新一四二ページ・全二五二ページ）。ここでの「事」とは「立場」「よって立つところ」といった意。

〈注10〉【神力品《じんりきほん》の第三段】　如来神力品《にょらいじんりきほん》の内容を三つに分けると、第一に地涌《じゆ》の菩薩《ぼさつ》が末法《まっぽう》弘通《ぐつう》の誓《ちか》いを立てる、第二に仏が神力を現ずる、第三に要を結《むす》んで付嘱《ふぞく》する（結要付嘱《けっちょう》）、となるところからこのようにいう。

〈注11〉【結要付嘱《けっちょうふぞく》】　肝要《かんよう》をまとめて付嘱する意。法華経如来神力品《にょらいじんりきほん》第二十一では、釈尊《しゃくそん》が法華経の肝要を四句《しく》の要法《ようほう》（如来の一切《いっさい》の所有の法、如来の一切の自在の神力、如来の一切の秘《ひ》要《よう》の蔵《ぞう》、如来の一切の甚深《じんじん》の事《じ》）にまとめて述《の》べ、その肝要の法を滅後《めつご》に弘通《ぐつう》するよう、上《じょう》行《ぎょう》菩薩《ぼさつ》をリーダーとする地涌《じゆ》の菩薩に付嘱した。これを結要付嘱といい、特別な一部の弟子に伝えるので別《べっ》付嘱ともいう。対して嘱累品《ぞくるいほん》第二十二では、釈尊がすべての菩薩に付嘱する。これを総《そう》付嘱という。

〈注12〉**【捃拾《くんじゅう》遺《い》嘱《ぞく》】** 法華経で別《べっ》付《ぷ》嘱《ぞく》・総《そう》付嘱が終わった後、さらに、残りの衆生《しゅじょう》のために釈尊《しゃくそん》が付嘱したことをいう。「捃拾」とは拾《ひろ》いあげること、落《お》ち穂《ぼ》拾いという意。

第10段　地涌《じゆ》の菩薩《ぼさつ》が出現する時を明かす

（新一四三ページ十四行目～一四六ページ十五行目）
（全二五二ページ十八行目～二五四ページ十七行目）

第29章　地涌の菩薩が出現する時は悪世末法《あくせまっぽう》

（新一四三ページ十四行目～一四五ページ十三行目）
（全二五二ページ十八行目～二五四ページ二行目）

①地涌の菩薩が出現する時を明かす

（新一四三ページ十四行目～一四四ページ十六行目）
（全二五二ページ十八行目～二五三ページ九行目）

疑《うたが》っていう。正法《しょうほう》・像法《ぞうほう》の時代の二千年の間に、無数の地涌《じゆ》の菩薩《ぼさつ》たちが閻《えん》浮提《ぶだい》に現《あらわ》れて、この経《きょう》を弘《ひろ》めたのだろうか。

答える。そうではない。

驚《おどろ》いていう。法華経は全体としても、本門《ほんもん》を見ても、根本的には釈尊《しゃくそん》が亡《な》く（全253）なった後のために説《と》かれたのである。前もって無数の地涌《じゆ》の菩薩《ぼさつ》たちに授与《じゅよ》さ

（新144）

れたのに、どうして彼らは、釈尊が亡くなった後の正法《しょうほう》・像法《ぞうほう》の時代に出現して、この経《きょう》を弘《ひろ》めないのか。

答える。これについては公言しない。

再《ふたた》び問う。なぜか。

答える。これについては公言しない。

さらにもう一度問う。なぜか。

答える。これを公言すると、この世界にいるあらゆる人々は、威音王仏《いおんのうぶつ》の末《まっ》法《ぽう》の時代〈注1〉の人々が不軽菩薩《ふきょうぼさつ》を迫害《はくがい》したように、皆《みな》、私を誹謗《ひぼう》するだろう。また、私の弟子でも、私がその概略《がいりゃく》を説《と》いたなら、皆、誹謗するだろう。だから、言わないでおくしかない。

聞くことを願《ねが》っていう。もし説《と》かないなら、あなたは物惜《ものお》しみをして人にものを与《あた》えないという罪《つみ》を犯《おか》すことになるだろう。

答える。もはや、なすすべもない。試《ため》しに概略《がいりゃく》を説《と》いてみよう。

法師品《ほっしほん》には「まして釈尊《しゃくそん》が亡《な》くなった後にはなおさら反発が多い」とある。

寿量品《じゅりょうほん》には「良薬《りょうやく》を今ここに残しておく」とある。

分別功徳品《ふんべつくどくほん》には「悪世末法《あくせまっぽう》の時」とある。

薬王品《やくおうほん》には「後《のち》の五百年に、閻浮提《えんぶだい》に広宣流布《こうせんるふ》するだろう」とある。

涅槃経《ねはんぎょう》には「譬《たと》えを示《しめ》せば、七人の子どもがいるとして、父母は、この子たちに対して平等でないわけではないのだが、それでも病気の子にはひときわ心を砕《くだ》くというようなものである」とある。

以上の経文《きょうもん》を曇《くも》りのない鏡《かがみ》として仏の真意を推《お》し量《はか》ると、釈尊《しゃくそん》がこの世に出現したのは、霊鷲山《りょうじゅせん》で八年間にわたって法華経の説法《せっぽう》を聞いた人々のためではなく、亡《な》くなった後の正法《しょうほう》・像法《ぞうほう》・末法《まっぽう》の時代の人のためである。さらに言えば、正法・像法の時代の二千年間の人々のためではなく、末法の時代の初めの、私のような者のためなのである。

（涅槃経《ねはんぎょう》の）「それでも病気の子には」というのは、釈尊《しゃくそん》が亡《な》くなった後に法華経を誹謗《ひぼう》する者を指すのである。

また（寿量品《じゅりょうほん》の）「今ここに残しておく」とは「色も香《かお》りもすばらしいこの薬を、おいしくないと思う」者のためにということである。

②正法《しょうほう》・像法《ぞうほう》時代の教・機根《きこん》・時について検証《けんしょう》

（新一四四ジペー十七行目～一四五ジペー五行目）
（全二五三ジペー十行目～十四行目）

無数の地涌《じゆ》の菩薩《ぼさつ》たちが正法《しょうほう》・像法《ぞうほう》の時代に出現しないのは、次の理由によるのである。

正法《しょうほう》の時代一千年の間は、小乗教《しょうじょうきょう》と権大乗教《ごんだいじょうきょう》が流布《るふ》する時である。衆生《しゅじょう》は法華経を受け入れる機根《きこん》ではなく、また法華経を弘《ひろ》める時でもない。そこで四依《しえ》の菩薩《ぼさつ》たちは、小乗教・権大乗教を弘め、それを手掛《てが》かりとして、釈尊《しゃくそん》の存命《ぞんめい》中《ちゅう》に仏種《ぶっしゅ》を下《お》ろされた衆生を成仏《じょうぶつ》させたのである。

この時代に法華経を説《と》いたとしても、誹謗《ひぼう》が多く、仏種を成熟《せいじゅく》させる利益《りやく》どころか、反対の結果になってしまうため、説かなかったのである。同様の例を挙《あ》げれば、釈尊《しゃくそん》の存命中《ぞんめいちゅう》に、前四味《ぜんしみ》の教えを手掛《てが》かりとして成仏《じょうぶつ》した衆生《しゅじょう》がそうである。

像法《ぞうほう》の時代の中頃《なかごろ》から終わりにかけて、観音菩薩《かんのんぼさつ》は南岳大師《なんがくだいし》〈注2〉として、薬王《やくおう》菩薩は天台《てんだい》大師として出現した〈注3〉。彼らは、法華経迹門《しゃくもん》を前面に立て本門《ほんもん》を裏《うら》として（迹面本裏《しゃくめんほんり》）、百界千如《ひゃっかいせんにょ》・一念三千《いちねんさんぜん》の法理をすべて説《と》いた。しかし、ただ一念に三千が理の上でそなわっていること〔理具《りぐ》〕を論じたにすぎず、具体的な実践〔事行《じぎょう》〕としての南無妙法蓮華経の五字および本門の本尊《ほんぞん》については明らかにせず、広く行じることはなかった。要《よう》するに、円教《えんぎょう》の機根《きこん》はあったものの、円教を弘《ひろ》める時ではなかったからである。

③四菩薩《しぼさつ》の振《ふ》る舞《ま》い

（新一四五ページ六行目〜十三行目）
（全二五三ページ十五行目〜二五四ページ二行目）

今、末法《まっぽう》の時代の初めになって、人々は小乗教《しょうじょうきょう》によって大乗教《だいじょうきょう》を攻撃《こうげき》し、権《ごん》教《きょう》によって実教《じっきょう》を否定《ひてい》している。まるで、東とも西とも分からなくなり、天地が逆転《ぎゃくてん》したような状態《じょうたい》である。迹仏《しゃくぶつ》の弟子である四依《しえ》の菩薩《ぼさつ》は姿《すがた》を消してしまった。諸天善神《しょてんぜんじん》はそのような国を捨《す》て去《さ》り、守護《しゅご》しなくなったのである。

この時に、地涌《じゆ》の菩薩《ぼさつ》が初めてこの世界に出現し、妙法蓮華経《みょうほうれんげきょう》の五字という大良薬《だいりょうやく》だけを幼《おさな》い子のように正法《しょうほう》に無知な衆生《しゅじょう》に飲ませるのである。

「正法を謗《そし》ることによって悪道《あくどう》に堕《お》ちたのなら、その正法との縁《えん》によって必《かなら》ず利益《りやく》を得る」（『法華文句記《ほっけもんぐき》』）とは、このことを述《の》べているのである〈注4〉。

わが弟子たちよ、深く考えなさい。無数の地涌《じゆ》の菩薩《ぼさつ》たちは、久遠《くおん》の過去に成仏《じょうぶつ》した釈尊《しゃくそん》を師として仏道修行《ぶつどうしゅぎょう》に入った弟子である。それにもかかわらず、釈尊が今世《こんぜ》で初めて覚《さと》りを開いた場所にも来ず、釈尊が沙羅双樹《しゃらそうじゅ》の下《もと》で亡《な》くなった時にも訪《おとず》れなかった。親を大切にしない子のように、非難《ひなん》されて当然《とうぜん》である。

また、法華経の説法《せっぽう》の座《ざ》では、迹門《しゃくもん》の十四品《ほん》にも姿《すがた》を見せず、本門《ほんもん》でも薬王《やくおう》品以後の六品では座を立ってしまった。ただ涌出品《ゆじゅっぽん》から嘱累品《ぞくるいほん》までの八品《はっぽん》の間だけ釈尊《しゃくそん》のもとに帰って来たのである。このような高貴《こうき》な大菩薩《だいぼさつ》が、釈尊、多宝仏《たほうぶつ》、十方《じっぽう》の仏たちに対して末法《まっぽう》の時代に弘《ひろ》めることを約束《やくそく》し、妙法蓮華経《みょうほうれんげきょう》の五字を受持《じゅじ》したのである。末法の時代の初めに出現されないことがあるだろうか。

結論として以下のことが分かる。この地涌《じゆ》の菩薩《ぼさつ》の指導者である四菩薩《しぼさつ》〈注5〉は、折伏《しゃくぶく》を実践する時は、賢王《けんおう》となって愚王《ぐおう》を叱咤《しった》する。摂受《しょうじゅ》を行ずる時は、僧《そう》となって正法《しょうほう》を弘《ひろ》め持《たも》つのである。

◇注　解◇

〈注1〉【威音王仏《いおんのうぶつ》の末法《まっぽう》の時代】 法華経常不軽菩薩品《じょうふきょうぼさつほん》第二十では威音王仏の像法《ぞうほう》とされている。日蓮大聖人は謗法《ほうぼう》が充満《じゅうまん》し慢心《まんしん》の人々が正しい法華経の行者《ぎょうじゃ》を迫害《はくがい》している状況《じょうきょう》からほぼ末法であると見なされている。

〈注2〉【南岳大師《なんがくだいし》】 五一五年～五七七年。中国・南北朝《なんぼくちょう》時代の北斉《ほくせい》の僧。慧思《えし》のこと。天台大師智顗《てんだいだいしちぎ》の師。南岳（湖南省衡山県《こなんしょうこうざんけん》）に住んだので南岳大師と通称《つうしょう》される。

〈注3〉【観音菩薩《かんのんぼさつ》は南岳大師《なんがくだいし》として、薬王菩薩《やくおう》は天台大師《てんだい》として出現した】 この箇所《かしょ》では、末法《まっぽう》に地涌《じゆ》の菩薩《ぼさつ》が妙法蓮華経《みょうほうれんげきょう》の五字を弘《ひろ》めることを明かすにあたり、それまでに像法《ぞうほう》時代の師が仏法を日本へ伝えたことを述《の》べられている。

日蓮大聖人の御在世当時の日本では、①観音菩薩《かんのんぼさつ》が南岳大師慧思《なんがくだいしえし》として現《あらわ》れ、さらに南岳大師の後身《こうしん》として聖徳太子《しょうとくたいし》が現れ仏法を弘《ひろ》めた②薬王《やくおう》菩薩が天台《てんだい》大師智顗《ちぎ》として現れ、さらに天台大師の後身として伝教《でんぎょう》大師最澄《さいちょう》が現れた、という説が広く知られていた。

大聖人もこの説《せつ》を踏《ふ》まえられ、「和漢王代記《わかんおうだいき》」では、南岳大師《なんがくだいし》を「観音《かんのん》の化身《けしん》なり」（新九五七ジペー・全六〇四ジペー）、聖徳太子《しょうとくたいし》を「南岳大師の後身《ごしん》なり」「救世《くせ》観音の垂迹《すいじゃく》なり」（新九六四ジペー・全六〇八ジペー）、伝教《でんぎょう》大師を「天台《てんだい》の後身なり」（新九六八ジペー・全六一一ジペー）とされている。

〈注4〉末法《まっぽう》の幼《おさな》い子のように無智《むち》の凡夫《ぼんぷ》は、仏種《ぶっしゅ》である妙法《みょうほう》を聞いても、信じないばかりか、かえって誹謗《ひぼう》する。けれども、たとえそれが因《いん》となって悪道《あくどう》に堕《お》ちたとしても、妙法を聞いたことで必ず下種結縁《げしゅけちえん》するので、最終的には成仏《じょうぶつ》という大利益《だいりやく》を得ることができるのである。「開目抄《かいもくしょう》」の最後の部分（新一一九ページ・全二三五ページ）で示されるように、邪智《じゃち》・謗《ほう》法《ぼう》の者が充満《じゅうまん》する末法の時にかなった弘教《ぐきょう》は、不軽菩薩《ふきょうぼさつ》が行ったような逆縁《ぎゃくえん》による化導《けどう》であり、折伏《しゃくぶく》である。

〈注5〉**【この地涌《じゆ》の菩薩《ぼさつ》の指導者である四菩薩《しぼさつ》】**末法《まっぽう》における妙法《みょうほう》の弘通《ぐつう》を仏から託《たく》された地涌の菩薩の上首《じょうしゅ》、上行《じょうぎょう》・無辺行《むへんぎょう》・浄行《じょうぎょう》・安立行《あんりゅうぎょう》の四大菩薩《しだいぼさつ》。

第30章　仏の予言を明かす

（新一四五ページ十四行目～一四六ページ十五行目）
（全二五四ページ三行目～十七行目）

①地涌《じゆ》の菩薩《ぼさつ》出現の予言

（新一四五ページ十四行目～一四六ページ三行目）
（全二五四ページ三行目～七行目）

問う。仏の予言の文《もん》はどうか。

答える。「後《のち》の五百年〈注1〉に、閻浮提《えんぶだい》に広宣流布《こうせんるふ》するだろう」（薬王菩薩本事品《やくおうぼさつほんじほん》）とある。

天台大師《てんだいだいし》は「後《のち》の五百年という遠い未来にも妙法《みょうほう》が流布《るふ》するだろう」（『法華文句《ほっけもんぐ》』）と予言している。

さらに妙楽大師《みょうらくだいし》は「末法《まっぽう》の時代の初めにも、人々が気づかないうちに受ける利益《りやく》（冥益《みょうやく》）がないわけではない」（『法華文句記《ほっけもんぐき》』）と予言している。

伝教大師《でんぎょうだいし》は「正法《しょうほう》・像法《ぞうほう》の時代はほとんど過《す》ぎ去《さ》り、末法《まっぽう》の時代がすぐそこまで近づいている」（『守護国界章《しゅごこっかいしょう》』〈注2〉）と言っている。

この「末法《まっぽう》の時代がすぐそこまで近づいている」という言葉は、「私の時代はその時ではない」との意味である。

伝教大師《でんぎょうだいし》は、日本の末法《まっぽう》の時代の初めについてこのように記している。

「時代を言えば像法《ぞうほう》の時代の終わり、末法の時代の初めであり、場所を探れば唐《とう》の東・羯鞨《まっかつ》〈注3〉の西である。教えを受ける人々を考えれば五濁《ごじょく》〈注4〉の衆生《しゅじょう》であり、大争乱《だいそうらん》の時代の人である。

法華経には『釈尊《しゃくそん》の存命中《ぞんめいちゅう》でも、なお反発が多い。まして亡《な》くなった後には、なおさらのことだろう』（法師品《ほっしほん》）と説《と》かれているが、この言葉にはきちんと理由があるのである」（『法華秀句《ほっけしゅうく》』）

②本門《ほんもん》の本尊《ほんぞん》の建立《こんりゅう》を明かす

（新一四六ページ四行目〜十一行目）
（全二五四ページ八行目〜十三行目）

この中の「大争乱《だいそうらん》の時代」などとは、今起きている自界叛逆《じかいほんぎゃく》と西海侵逼《さいかいしんぴつ》という二つの難《なん》〈注5〉を指すのである。この時、無数の地涌《じゆ》の菩薩《ぼさつ》が出現して、本《ほん》門《もん》の釈尊《しゃくそん》を脇士《きょうじ》とする一閻浮提《いちえんぶだい》第一の本尊《ほんぞん》を、この国に立てるのである。インドにも、中国にも、これまでこの本尊はなかった。

日本の聖徳太子《しょうとくたいし》〈注6〉は四天王寺《してんのうじ》を建立《こんりゅう》したが、まだ時が来ていなかったため、阿弥陀仏《あみだぶつ》という他方《たほう》の仏を本尊《ほんぞん》とした。聖武天皇《しょうむてんのう》〈注7〉は東大寺《とうだいじ》を建立したが、その本尊は華厳経《けごんぎょう》の教主（盧舎那仏《るしゃなぶつ》）であり、まだ法華経の真実の教えを明らかにしたものではなかった。伝教大師《でんぎょうだいし》は、法華経の真実の教えをおおむね明らかにしたが、それでも時が来ていなかったため、東方の薬師如来《やくしにょらい》〈注8〉を本尊として建立し、本門《ほんもん》の四菩薩《しぼさつ》を顕《あらわ》さなかった。結局、釈尊《しゃくそん》が無数の地涌《じゆ》の菩薩に対して本門の本尊を顕すことを譲《ゆず》り与《あた》えたからである。

この地涌《じゆ》の菩薩《ぼさつ》は、釈尊《しゃくそん》の命令《めいれい》を受けてこの娑婆世界《しゃばせかい》の大地の下という近くにいる。正法《しょうほう》・像法《ぞうほう》の時代には、出現しなかった。もし、末法《まっぽう》の時代にも出現しないなら、大妄語《だいもうご》の菩薩である。釈尊、多宝如来《たほうにょらい》、十方《じっぽう》の仏たちによる予言も、水の泡《あわ》と同然《どうぜん》である。

③地涌《じゆ》の菩薩《ぼさつ》出現の前兆《ぜんちょう》を明かす

（新一四六ジペー十二行目〜十五行目）
（全二五四ジペー十四行目〜十七行目）

このように考えてみると、以下のことが分かる。正法《しょうほう》・像法《ぞうほう》の時代にはなかった大地震《おおじしん》や大彗星《だいすいせい》〈注9〉などが、今起きている。これらは金翅鳥《こんじちょう》・修羅《しゅら》・竜神《りゅうじん》らによる異変《いへん》ではない。四大菩薩《しだいぼさつ》が出現する前兆《ぜんちょう》にほかならないのではないだろうか。

天台大師《てんだいだいし》は「雨の激《はげ》しさを見て竜《りゅう》が大きいことを知り、蓮《はす》の花が盛《さか》んに咲《さ》き誇《ほこ》っているのを見てその池が深いことを知る」（『法華文句《ほっけもんぐ》』）と言い、妙楽大師《みょうらくだいし》は「智慧《ちえ》のある人は物事の起こりを知り、蛇《へび》は蛇自身のことを知っている」（『法華《ほっけ》文句記《もんぐき》』）と言っている。

天が晴れれば、地上は明らかとなる。法華経を理解するものは世間《せけん》の道理をも知るのである。

◇注　解◇

〈注1〉**【後《のち》の五百年】** 釈尊滅後《しゃくそんめつご》の五百年のこと。また大集経《だいじっきょう》には、釈尊の滅後を五百年ずつ五つの時期に区分し、〝最後の五百年〟を闘諍堅固《とうじょうけんご》・白法隠没《びゃくほうおんもつ》の時である、と説かれている。日蓮大聖人の御在世当時、この二つが同一であると考えられ、末法《まっぽう》の初めの五百年と考えられた。

〈注2〉**【『守護国界章《しゅごこっかいしょう》』】** 伝教大師最澄《でんぎょうだいしさいちょう》の著作。三巻。法相宗《ほっそうしゅう》の得一《とくいつ》が三乗差別《さんじょうさべつ》の立場から天台大師智顗《てんだいだいしちぎ》の宗義《しゅうぎ》を批判したことを破折《はしゃく》し、法華一乗平等《ほっけいちじょうびょうどう》の立場から天台宗の正義を明らかにした。

〈注3〉**【靺鞨《まっかつ》】** 中国東北部に住んだツングースの一種族を、隋《ずい》・唐《とう》の人がこう呼んだ。当時の地理観では、日本はその国より西に位置していると考えられていた。

〈注4〉**【五濁《ごじょく》】** 生命の濁《にご》りや劣化《れっか》の様相を五種に分類したもの。法華経方便品《ほうべんぼん》第二に説かれる。劫濁《こうじょく》・煩悩濁《ぼんのうじょく》・衆生濁《しゅじょうじょく》・見濁《けんじょく》・命濁《みょうじょく》の五つ。①劫濁とは、時代の濁り。環境《かんきょう》・社会に不幸・苦悩の現象が重なり起こる。②煩悩濁とは、五鈍使《ごどんし》（貪《とん》・瞋《じん》・癡《ち》・慢《まん》・疑《ぎ》）の煩悩に支配されること。③衆生濁とは、個々の衆生の濁り。④見濁とは、思想の濁り。五利使《ごりし》（身見《しんけん》・辺見《へんけん》・邪見《じゃけん》・見取見《けんじゅけん》・戒禁取見《かいごんじゅけん》）をいう。⑤命濁とは、寿命《じゅみょう》が短くなること。

〈注5〉**【自界叛逆《じかいほんぎゃく》と西海侵逼《さいかいしんぴつ》という二つの難《なん》】**薬師経《やくしきょう》に説かれる七難《しちなん》のうち、「立正安国論《りっしょうあんこくろん》」御執筆《ごしっぴつ》の時にまだ起こっておらず、日蓮大聖人がこれから必ず起こると予言された、自界叛逆難と他国《たこく》侵逼難を指す。ここでは、他国として、当時襲来《しゅうらい》のおそれが高まっていた元《げん》（蒙古《もうこ》）を想定して、「西海」とされている。

〈注6〉**【聖徳太子《しょうとくたいし》】**五七四年〜六二二年。飛鳥《あすか》時代の政治家。厩戸皇子《うまやどのみこ》・上宮太子《じょうぐうたいし》ともいう。用明天皇《ようめいてんのう》の皇子《おうじ》。四天王寺《してんのうじ》を建立《こんりゅう》したと伝承《でんしょう》されている。四天王寺の諸堂《しょどう》では、阿弥陀仏《あみだぶつ》・観音菩薩《かんのんぼさつ》などが本尊《ほんぞん》とされている。

〈注7〉**【聖武天皇《しょうむてんのう》】**七〇一年〜七五六年。第四十五代天皇。奈良《なら》時代、都《みやこ》に東大寺《とうだいじ》を建立《こんりゅう》して盧舎那仏《るしゃなぶつ》を本尊《ほんぞん》とした。これが、いわゆる奈良大仏である。

〈注8〉**【薬師如来《やくしにょらい》】**東方の浄瑠璃世界《じょうるりせかい》の教主である仏。伝教大師《でんぎょうだいし》が比叡山延暦寺《ひえいざんえんりゃくじ》の根本中堂《こんぽんちゅうどう》の本尊《ほんぞん》とした。

〈注9〉**【大地震《おおじしん》や大彗星《だいすいせい》】**「立正安国論《りっしょうあんこくろん》」を執筆《しっぴつ》する契機《けいき》となった正嘉《しょうか》元年（一二五七年）八月の大地震や、文永《ぶんえい》元年（一二六四年）七月の大彗星などを指す。

大段第三　総《そう》結《けつ》

（新一四六ページ十六行目～一四七ページ二行目）
（全二五四ページ十八行目～二五五ページ二行目）

第11段　総結《そうけつ》

（新一四六ページ十六行目〜一四七ページ二行目）
（全二五四ページ十八行目〜二五五ページ二行目）

第31章　総結

一念三千《いちねんさんぜん》を理解しない者に対して、仏は大慈悲《だいじひ》を起こし、妙法蓮華経《みょうほうれんげきょう》の五字の内に、この一念三千の宝玉《ほうぎょく》を包《つつ》み、幼い子のように無知な末法《まっぽう》の時代の衆生《しゅじょう》の首に懸《か》けさせるのである。四大菩薩《しだいぼさつ》がこの人を守護《しゅご》することは、太公望《たいこうぼう》や周《しゅう》公旦《こうたん》が文王《ぶんおう》を支え、四人の老賢人《ろうけんじん》〈注1〉が若い恵帝《けいてい》に仕《つか》えたことと何ら異《こと》ならないのである。

文永《ぶんえい》十年（太歳癸酉《たいさいみずのととり》）四月二十五日

（新147）
（全255）

日蓮がこれを記《しる》す。

◇注　解◇

〈注1〉**【四人の老賢人《ろうけんじん》】** 御書本文は「四皓《しこう》」（新一四六㌻・全二五五㌻）。中国の秦《しん》末から漢《かん》の初めにかけて、戦禍《せんか》を避《さ》けて陝西省《せんせいしょう》の商山《しょうざん》に入った四人の老人のこと。東園公《とうえんこう》・綺里《きり》季《き》・夏黄公《かこうこう》・角里先生《ろくりせんせい》の四人で、いずれも髪《かみ》も眉《まゆ》も皓白《こうはく》（真っ白）の老人だったことから四皓と呼ばれた。漢の二代目の恵帝《けいてい》が太子《たいし》の時に補佐役《ほさやく》となって支《ささ》えた。

観心本尊抄送状
かんじんのほんぞんしょうおくりじょう

富木殿　　　　日蓮

帷《かたびら》〈注1〉を一つ、墨《すみ》を三本、筆を五本、頂戴《ちょうだい》しました。

観心《かんじん》の法門を少々書き記して太田殿《おおたどの》〈注2〉・教信御房《きょうしんのごぼう》〈注3〉らに差し上げた。このことは、私、日蓮の身に当たる大事である。公表はしない。無二《むに》の志《こころざし》を確認できたら、開いて見せてもよいだろう。

この書は、論難《ろんなん》が多くあるが、それに対する答えは少ない。未聞《みもん》のことであるので、人々の耳や目を驚《おどろ》かすにちがいないだろう。たとえ他の人に見せる場合でも、三人四人、座《ざ》を並《なら》べて、これを読むことをしてはならない。

釈尊《しゃくそん》が亡《な》くなった後、二千二百二十年余《あま》り〈注4〉の間、この書の趣意《しゅい》は明かされたことがない。国主らからの難《なん》〈注5〉を顧《かえり》みず、第五の五百年となっていることを期して、これを広く説《と》き述《の》べた。心から願うことは、この書を一見でもした人は師弟共《していとも》に霊山浄土《りょうぜんじょうど》〈注6〉に詣《もう》でて、釈迦《しゃか》、多宝《たほう》、十方世界《じっぽうせかい》の分身《ふんじん》の仏たちの尊顔《そんがん》を拝見《はいけん》申し上げようということである。恐々謹言《きょうきょうきんげん》。

日蓮　花押《かおう》

文永《ぶんえい》十年（太歳癸酉《たいさいみずのととり》）四月二十六日

富木殿御返事《ときどののごへんじ》

◇注　解◇

〈注1〉【帷《かたびら》】主として夏に用《もち》いる裏《うら》をつけない衣服《いふく》。

〈注2〉【太田殿《おおたどの》】大田乗明《じょうみょう》のこと。大田金吾《きんご》とも呼ばれる（日蓮大聖人は「大田」と「太田」を通用《つうよう》される）。下総国葛飾郡八幡荘中山《しもうさのくにかつしかぐんやわたのしょうなかやま》（現在の千葉県市川市中山）に在住した、大聖人の門下。「転重軽受法門《てんじゅうきょうじゅほうもん》」などをいただいている。

〈注3〉【教信御房《きょうしんのごぼう》】曽谷《そや》教信のこと。曽谷入道《にゅうどう》とも呼ばれる。下総国葛飾郡八幡荘曽谷《しもうさのくにかつしかぐんやわたのしょうそや》（現在の千葉県市川市曽谷）に在住した、日蓮大聖人の門下。

〈注4〉【釈尊《しゃくそん》が亡《な》くなった後、二千二百二十年余《あま》り】日蓮大聖人の御在世当時は、釈尊滅《めつ》後正法《ごしょうほう》一千年、像法《ぞうほう》一千年を過《す》ぎて末法《まっぽう》に入るという説が用《もち》いられていた。さらに『周書《しゅうしょ》異記《いき》』にあるように釈尊の入滅《にゅうめつ》を周の穆王《ぼくおう》五十二年（紀元前九四九年）として、正像《しょうぞう》二千年説を用い、永承《えいしょう》七年（一〇五二年）が末法の元年とされた。

〈注5〉【国主らからの難《なん》】佐渡流罪《さどるざい》を指す。

〈注6〉【霊山浄土《りょうぜんじょうど》】法華経で説《と》かれる久遠《くおん》の釈尊《しゃくそん》が常住《じょうじゅう》する国土。

解説　「観心本尊抄《かんじんのほんぞんしょう》」

「観心本尊抄《かんじんのほんぞんしょう》」は、文永《ぶんえい》十年（一二七三年）四月二十五日、日蓮大聖人が五十二歳の時、佐渡流罪《さどるざい》中に一谷《いちのさわ》で御述作《ごじゅっさく》になり、下総国葛飾郡《しもうさのくにかつしかぐん》八幡荘若宮《やわたのしょうわかみや》（現在の千葉県市川市若宮）の富木常忍《ときじょうにん》にあてて送られた御書である。日興上人《にっこうしょうにん》は「十大部《じゅうだいぶ》」の一つに選《えら》ばれている。

本抄で示《しめ》されている「受持即観心《じゅじそくかんじん》」とは、末法《まっぽう》の凡夫《ぼんぷ》が行うべき成仏《じょうぶつ》のための修行を明かした法門で、南無妙法蓮華経の御本尊《ごほんぞん》を信によって受持することで観心の修行を成就《じょうじゅ》し成仏することができるという教えである。

このように、「観心本尊抄《かんじんのほんぞんしょう》」は、前代未聞《ぜんだいみもん》の重要な法門を明かされた御書である。

それ故《ゆえ》、「観心本尊抄送状《かんじんのほんぞんしょうおくりじょう》」には、「観心本尊抄」を拝《はい》して大聖人が大難《だいなん》を覚悟《かくご》で明かされた未曽有《みぞう》の本尊を知った者は、師弟不二《していふに》の不惜身命《ふしゃくしんみょう》の強《ごう》盛《じょう》な信心を貫《つらぬ》き、ついには霊山浄土《りょうぜんじょうど》へ赴《おもむ》いて釈尊《しゃくそん》・多宝如来《たほうにょらい》をはじめ諸仏《しょぶつ》のお褒《ほ》めにあずかることを強く望み願われているのである。

背景

日蓮大聖人は文永《ぶんえい》八年（一二七一年）九月十二日の竜《たつ》の口《くち》の法難《ほうなん》で斬首《ざんしゅ》の危機《きき》に遭《あ》われたが、その企《くわだ》てが失敗《しっぱい》した後、処分《しょぶん》が定まらず、しばらく依《え》智《ち》（現在の神奈川県厚木市《あつぎし》）の本間六郎左衛門尉重連《ほんまろくろうざえもんのじょうしげつら》の館《やかた》に留《とど》め置かれた。この法難では鎌倉《かまくら》を中心に門下《もんか》に対しても厳《きび》しい弾圧《だんあつ》が行われ、多くの弟子たちが退転《たいてん》した。

最終的《さいしゅうてき》に流罪《るざい》が決定し、同年十月十日に大聖人は佐渡《さど》に向かわれた。その途上《とじょう》、佐渡に渡る直前、寺泊《てらどまり》から、富木常忍《ときじょうにん》にあてて書（「寺泊御書《てらどまりごしょ》」）を送られ、動揺《どうよう》する門下《もんか》に対して、法華経に予言された通りの難《なん》であり、法華経の身読《しんどく》であると教えられた。その中で、門下も抱《いだ》いていたと思われる、大聖人に対する四つの批判《ひはん》を挙《あ》げられている。

すなわち、

①衆生《しゅじょう》の機根《きこん》（仏法を受容《じゅよう》し理解する能力）を知らずに折伏《しゃくぶく》で乱暴《らんぼう》な議論をするから難《なん》に遭《あ》う。

②法華経勧持品《かんじほん》に説《と》かれる忍難弘通《にんなんぐつう》は、修行の進んだ菩薩《ぼさつ》が行うもので、初心者に向けた安楽行品《あんらくぎょうほん》の教えに背《そむ》いている。

③自分たちもこの（法華経が最も優《すぐ》れた唯一《ゆいいつ》の成仏《じょうぶつ》の法であり、それに諸宗《しょしゅう》は背き謗法《ほうぼう》に陥《おちい》っている）ことは知っているが、あえて言わない。

④教門《きょうもん》（経典に説《と》かれた教えの分類や解釈《かいしゃく》）しか説いていない（観門《かんもん》〈成仏のための実践にかかわる教え〉は説いていない）。

以上の四点である（新一二八〇ジペー・全九五三ジペー）。

これらの批判《ひはん》を打ち破ることを、大聖人は佐渡《さど》で試《こころ》みられるのである。

佐渡で過《す》ごされた約二年半の間、劣悪《れつあく》な環境《かんきょう》の中で、大聖人は衣食《いしょく》も不足する不自由な生活を強《し》いられた。それだけでなく、たびたび命を狙《ねら》われるという厳《きび》しい状況《じょうきょう》であった。

本抄とほぼ同時期に著《あらわ》された「顕仏未来記《けんぶつみらいき》」には「今年、いや今月、万が一も死を免《まぬか》れることができない身である（今年今月、万が一も脱《のが》れ難《がた》き身命《しんみょう》なり）」（新六一一ジペー・全五〇九ジペー）と述《の》べられている。

このように危機的《ききてき》な状況《じょうきょう》が続く中で、大聖人は佐渡到着《さどとうちゃく》直後から取り組まれていた「開目抄《かいもくしょう》」を文永《ぶんえい》九年（一二七二年）二月に四条金吾《しじょうきんご》（頼基《よりもと》）に託して、厳《きび》しい迫害《はくがい》に耐《た》えて信仰《しんこう》を続けている門下《もんか》一同に与《あた》え、励《はげ》まされた。

「開目抄《かいもくしょう》」の前半では、冒頭《ぼうとう》、あらゆる人が尊敬《そんけい》すべき人は「主《しゅ》・師《し》・親《しん》」であり、学ぶべきものは「儒《じゅ》・外《げ》・内《ない》」であることが示《しめ》される。

そして、「五重《ごじゅう》の相対《そうたい》」を通して、末法《まっぽう》の人々にとって成仏《じょうぶつ》のために信じるべき教えとは、南無妙法蓮華経であるということを明かされる。

さらに、万人の三世《さんぜ》にわたるゆるぎない幸福を真に実現する因果《いんが》を知り、成仏《じょうぶつ》の法を覚《さと》って人々に説《と》いたのが「教主釈尊《しゃくそん》」であり、釈尊の覚りの真実を説いた教えとは「法華経」であることが明かされる。

その法華経の教えの肝要《かんよう》が、法華経本門寿量品《じゅりょうほん》の文底《もんてい》に示《しめ》された「一念《いちねん》三千《さんぜん》」の法門であり、それが成仏《じょうぶつ》の根本因《こんぽんいん》となる教え、すなわち「仏種《ぶっしゅ》」であり、具体的には、法華経の題目《だいもく》、南無妙法蓮華経であると明かされるのである。

「開目抄《かいもくしょう》」の後半では、この仏種《ぶっしゅ》である南無妙法蓮華経を持《たも》ち、経文《きょうもん》どおりに末法《まっぽう》の人々に教え弘《ひろ》めて大難《だいなん》を受けている「法華経の行者《ぎょうじゃ》」は、大聖人だけであることを確証《かくしょう》されていく。そして、その大聖人こそが末法の人々を守り教え育てる主師親《しゅししん》の三徳《さんとく》をそなえた末法の教主であり、根本として尊崇《そんすう》すべき末法の本仏《ほんぶつ》であられることを示《しめ》されていく。

「開目抄《かいもくしょう》」によって、「寺泊御書《てらどまりごしょ》」で挙《あ》げられた批判《ひはん》のうち、①②③に対する回答が与《あた》えられた。

これを受けて、「観心本尊抄《かんじんのほんぞんしょう》」が著《あらわ》される。成仏《じょうぶつ》の根本法《こんぽんほう》である「一念《いちねん》三千《さんぜん》」、具体的には南無妙法蓮華経をどのように実践し弘《ひろ》めていくのかが説《と》かれていくのである。これは、「寺泊御書《てらどまりごしょ》」の④の批判《ひはん》も打ち破るものとなっている。

構成

「観心本尊抄《かんじんのほんぞんしょう》」の内容は、大きく四つに分けられる。

大段第一「一念三千《いちねんさんぜん》の典拠《てんきょ》を示《しめ》す」では、一念三千の文証《もんしょう》を示《しめ》されている。

初めに『摩訶止観《まかしかん》』巻五上の文《もん》が掲《かか》げられ、一念三千《いちねんさんぜん》の典拠《てんきょ》を示《しめ》される。そして『摩訶止観』に説《と》かれる一念三千こそが天台大師智顗《てんだいだいしちぎ》の究極《きゅうきょく》・最高の教えであることを示される。

続いて、一念三千《いちねんさんぜん》が情《じょう》・非情《ひじょう》にわたることを明かされ、木像《もくぞう》・絵像《えぞう》を本《ほん》尊《ぞん》とすることも、一念三千の法門で草木《そうもく》に色心《しきしん》の因果《いんが》を認《みと》め草木成仏《そうもくじょうぶつ》が説《と》かれて初めて成り立つことを示《しめ》されている。

大段第二(1)「観心《かんじん》を明かす」では、「観心の本尊《ほんぞん》」のうち、「観心」について明かされている。

まず、「観心《かんじん》」とは衆生《しゅじょう》が己心《こしん》に十界《じっかい》がそなわることを観《かん》ずることであると示《しめ》し、末法《まっぽう》の凡夫《ぼんぷ》である私たちの生命に十界がそなわっていることを諄々《じゅんじゅん》と教えられていく。

そして結論として、末法《まっぽう》において、観心《かんじん》は、南無妙法蓮華経の受持《じゅじ》によって成就《じょうじゅ》するという、「受持即観心《じゅじそくかんじん》」の法門が明かされている。

大段第二(2)「本尊《ほんぞん》を明かす」では、「観心《かんじん》の本尊」のうち、「本尊」について明かされている。

まず、釈尊《しゃくそん》の一代、五十余年に説《と》かれた諸経《しょきょう》の本尊《ほんぞん》を挙《あ》げられ、法華経本門の教主である久遠《くおん》の釈尊が最も優《すぐ》れていることを示《しめ》す。

そして、法華経本門寿量品では、久遠の釈尊《しゃくそん》の常住《じょうじゅう》の仏界《ぶっかい》・九界《きゅうかい》・国土が説《と》かれており、己心《こしん》にそなわる十界《じっかい》などの三千世間がすべて示《しめ》されることが明かされる。

その寿量品《じゅりょうほん》の肝心《かんじん》は、久遠《くおん》の釈尊《しゃくそん》をも生み出した仏種《ぶっしゅ》である南無妙法蓮華経であり、この本門《ほんもん》の肝心である南無妙法蓮華経が、末法《まっぽう》の衆生《しゅじょう》が成仏《じょうぶつ》のために信受《しんじゅ》すべき「本門の本尊《ほんぞん》」であることが明かされる。

その本尊のすがたは、南無妙法蓮華経を中心とするもので、寿量品《じゅりょうほん》が説《と》かれている説法《せっぽう》の場の様相で示《しめ》されることを明かされている。すなわち、日蓮大聖人が顕《あらわ》された南無妙法蓮華経の文字曼荼羅《まんだら》の御本尊のことである。

続いて、五重三段《ごじゅうさんだん》（五段階にわたって序《じょ》・正宗《しょうしゅう》・流通《るつう》を論じ、仏が覚《さと》り説《と》こうとした最も肝要《かんよう》の法を明かす法門）を説き、久遠《くおん》の釈尊《しゃくそん》をも生み出した仏種《ぶっしゅ》である南無妙法蓮華経こそが、末法《まっぽう》の凡夫《ぼんぷ》にとって下種益《げしゅやく》をそなえ成仏《じょうぶつ》を可能にする本尊《ほんぞん》であることを示《しめ》されている。

この後、下種《げしゅ》の法である南無妙法蓮華経を誰《だれ》がいつ弘《ひろ》めるかについて、簡潔《かんけつ》に明かされる。

まず、この末法下種《まっぽうげしゅ》の法の弘通《ぐつう》を託《たく》されたのは上行菩薩《じょうぎょうぼさつ》をはじめとする地涌《じゆ》の菩薩であることを確認し、その地涌の菩薩が、末法の初めに出現することを明らかにされる。

末法《まっぽう》は謗法充満《ほうぼうじゅうまん》の悪世《あくせ》であるから、そこでの弘教《ぐきょう》は逆縁《ぎゃくえん》であり不軽菩薩《ふきょうぼさつ》の実践にならって行うべきであることが示《しめ》される。

最後に、釈尊《しゃくそん》の未来記《みらいき》（予言）や伝教大師最澄《でんぎょうだいしさいちょう》の言葉を挙《あ》げ、自界叛逆《じかいほんぎゃく》難《なん》・西海侵逼難《さいかいしんぴつなん》（「立正安国論《りっしょうあんこくろん》」で指摘された他国《たこく》侵逼難をより具体的に西海からの蒙古の外《がい》圧《あつ》としてとらえたもの）が起こっている本抄執筆の当時こそ、地涌《じゆ》の菩薩が出現して本門《ほんもん》の本尊《ほんぞん》を顕《あらわ》す時であると述《の》べ、日蓮大聖人こそが、まさにその地涌の菩薩《ぼさつ》の振《ふ》る舞《ま》いをされていることを示《しめ》される。

なお、この点に関する議論は、この後、引き続き、西海侵逼難《さいかいしんぴつなん》がさらに緊迫《きんぱく》し文永《ぶんえい》十一年（一二七四年）十月の蒙古襲来《もうこしゅうらい》（いわゆる文永の役《えき》）としてついに現実のものとなっていく時期に著《あらわ》された、十大部《じゅうだいぶ》に含《ふく》まれる「法華取要抄《ほっけしゅようしょう》」「撰時抄《せんじしょう》」で順次、論じられている。

大段第三「総結《そうけつ》」では、本抄の結論が示《しめ》される。

すなわち、成仏《じょうぶつ》の根本法《こんぽんほう》である一念三千《いちねんさんぜん》を知らない末法《まっぽう》の衆生《しゅじょう》に対して、仏（久遠《くおん》の釈尊《しゃくそん》）が大慈悲《だいじひ》を起こして、妙法《みょうほう》五字にこの一念三千の宝玉《ほうぎょく》を包《つつ》み、地涌《じゆ》の菩薩《ぼさつ》を使いとして、末法の未熟《みじゅく》な凡夫《ぼんぷ》の首《くび》に懸《か》けさせるのであると、述《の》べられている。

この御文について、私たちは、末法の御本仏《ごほんぶつ》・日蓮大聖人が大慈悲《だいじひ》を起こして、南無妙法蓮華経の御本尊《ごほんぞん》を図顕《ずけん》されて、末法《まっぽう》の一切衆生《いっさいしゅじょう》に信受《しんじゅ》させてくださると拝《はい》するのである。

題号について

「観心本尊抄《かんじんのほんぞんしょう》」は略称《りゃくしょう》であり、正式な題号は「如来《にょらい》滅後《めつご》五《ご》五百歳《ごひゃくさい》始観心本尊抄」である。この題号は「如来の滅後五の五百歳に始《はじ》む観心の本尊抄」と読み下し、この題号に、時《じ》・応《おう》・機《き》・法の四義《しぎ》が具足《ぐそく》しているとする。

すなわち、「如来《にょらい》の滅後《めつご》五《ご》の五百歳《ごひゃくさい》」とは上行菩薩《じょうぎょうぼさつ》の出世《しゅっせ》の時を明かしているので「時《じ》」に当たり、「始《はじ》む」は上行菩薩が始（初）めて弘《ひろ》める義を明かしているので「応《おう》」に当たり、「観心《かんじん》」とは下種《げしゅ》仏法に縁《えん》のある末法《まっぽう》の衆生《しゅじょう》の観心を明かしているので「機《き》」に当たり、「本尊《ほんぞん》」とは末法の衆生が拝《はい》する本門《ほんもん》の本尊を明かしているので「法」に当たる。

したがって、題号の元意《がんい》は、「末法《まっぽう》の初めに、上行菩薩《じょうぎょうぼさつ》、すなわち末法の御本仏《ごほんぶつ》・日蓮大聖人が初めて弘通《ぐつう》され、一切衆生《いっさいしゅじょう》が信じるべき、本門《ほんもん》の本尊《ほんぞん》を明かされた御抄」と拝《はい》せるのである。

「観心《かんじん》の本尊」と「の」の字を入れて読むのは、爾前権経《にぜんごんきょう》、法華経迹《しゃく》門《もん》、そして法華経本門《ほんもん》の文上《もんじょう》に説《と》かれる「教相《きょうそう》の本尊」と区別する意味がある。なぜなら、大聖人が図顕《ずけん》される御本尊は、大聖人御自身の観心、すなわち大聖人が己心《こしん》に事実として成就《じょうじゅ》された一念三千《いちねんさんぜん》（事《じ》の一念三千）を、末《まっ》法《ぽう》の衆生《しゅじょう》の修行の明鏡《めいきょう》として顕《あらわ》された本尊であり、経文上の色相荘厳《しきそうそうごん》（姿形が壮麗《そうれい》で超絶的《ちょうぜつてき》であること）の仏や菩薩《ぼさつ》を本尊とする「教相の本尊」ではないからである。

現代語訳　観心本尊抄（第2版）

発行日　二〇二四年六月六日

監　修　池田大作

編　者　創価学会教学部

発行者　小島和哉

発行所　聖教新聞社

〒一六〇-八〇七〇　東京都新宿区信濃町七

電話〇三―三三五三―六一一一（代表）

印刷所　株式会社　精興社

製本所　牧製本印刷株式会社

＊

落丁・乱丁本はお取り替えいたします

定価は表紙に表示してあります

ISBN 978-4-412-01706-1